लोकतंत्र की प्रहरी आवाज़

पं. तारकेश्वर पांडे

स्वतंत्रता सेनानी एवं सांसद (लोकसभा एवं राज्यसभा)

लोकतंत्र की प्रहरी आवाज़

पं. तारकेश्वर पांडे की जेल डायरी

स्वतंत्रता संग्राम, लोकतंत्र और राष्ट्रनिर्माण पर दुर्लभ विचार

संकलन, शोध एवं संपादन

राहुल प्रकाश पांडे

लोकतंत्र की प्रहरी आवाज़

पं. तारकेश्वर पांडे की जेल डायरी

प्रथम संस्करण : 2026

प्रकाशक : स्वतंत्र रूप से प्रकाशित

ISBN :

यह पुस्तक पं. तारकेश्वर पांडे की मूल जेल डायरी (लोकेष्णा) तथा राज्यसभा के अभिलेखों पर आधारित है।

अपने पितामह पं. तारकेश्वर पांडे को —
और उस पीढ़ी को, जिसने स्वतंत्रता के लिए
अपना सर्वस्व अर्पित कर दिया।

विषय-सूची

प्रस्तावना

भारत के स्वतंत्रता संग्राम ने केवल नेता नहीं, विचारक भी दिए। कुछ ने अपने विचार सार्वजनिक मंचों से व्यक्त किए, कुछ ने उन्हें आंदोलनों में जिया, और कुछ ने जेल की कोठरियों में उन्हें शब्दों का रूप दिया। पं. तारकेश्वर पांडे उन विरले लोगों में थे जिनके जीवन में संघर्ष, चिंतन और जनसेवा अलग-अलग धाराएँ नहीं, बल्कि एक ही प्रवाह के अंग थे।

जब मैंने पहली बार उनकी जेल डायरी के पन्ने उठाए, तो मेरी अपेक्षा एक स्वतंत्रता सेनानी की स्मृतियाँ पढ़ने की थी। मुझे लगा था कि इनमें जेल जीवन की कठिनाइयाँ होंगी, अंग्रेजी शासन के अत्याचारों का वर्णन होगा, आंदोलन की घटनाओं का लेखा-जोखा होगा। पर पहली ही पंक्ति ने मुझे ठहरा दिया — "***मानव की इस कमजोरी के लिए क्या किया जाए***।" यह किसी सेनानी की डायरी का आरंभ नहीं लगता था; यह किसी ऐसे मन की आवाज़ थी जो शत्रु को नहीं, मनुष्य को समझना चाहता था।

जैसे-जैसे मैं आगे बढ़ता गया, वही प्रश्न बार-बार लौटते रहे। मनुष्य यश के पीछे क्यों भागता है? प्रेम और आकर्षण जीवन को ऊँचा भी उठाते हैं और कभी उसे तोड़ भी क्यों देते हैं? महान व्यक्तियों में असाधारण गुणों के साथ असाधारण कमजोरियाँ क्यों रहती हैं? और सबसे बड़ा प्रश्न — समाज और इतिहास को चलाने वाली असली शक्तियाँ क्या हैं? इन्हीं प्रश्नों की खोज में वे ईसा, बुद्ध, हजरत मुहम्मद, मार्क्स और गांधी से लेकर सिकंदर, नेपोलियन और कमाल अतातुर्क तक पहुँचते हैं — किसी का गुणगान करने नहीं, किसी का खंडन करने नहीं, केवल यह समझने कि मनुष्य और इतिहास के बीच कौन-सा छिपा हुआ सूत्र है।

यहीं मुझे लगा कि यह केवल एक स्वतंत्रता सेनानी की कहानी नहीं है; यह एक प्रश्नों से भरे मन की यात्रा है। जेल की कोठरी में बैठा वह व्यक्ति केवल भारत की स्वतंत्रता के बारे में नहीं सोच रहा था। वह मनुष्य की प्रकृति, समाज की बनावट, नेतृत्व के उत्तरदायित्व और राष्ट्र के भविष्य पर भी विचार कर रहा था। उसके लिए स्वतंत्रता केवल राजनीतिक प्रश्न नहीं थी — वह नैतिक और बौद्धिक प्रश्न भी थी।

यह डायरी उनके जीवन का केवल एक पक्ष है। बलिया की विद्रोही माटी से लेकर काशी विद्यापीठ की राष्ट्रीय चेतना तक, और फिर बार-बार जेल से होते हुए स्वतंत्र भारत की राज्यसभा तक — उनकी यात्रा के अनेक पड़ाव हैं, जिन्हें पाठक इस पुस्तक के पन्नों में स्वयं देखेंगे। पर इन सब पड़ावों में जो एक बात निरंतर बनी रही, वह यही प्रश्न पूछने का साहस था — चाहे प्रश्न अंग्रेजी सत्ता से हो, अपने नेताओं से हो, या स्वयं से।

इस पुस्तक की सामग्री मूल जेल डायरी, राज्यसभा के अभिलेखों, उपलब्ध ऐतिहासिक स्रोतों और परिवार द्वारा संरक्षित दस्तावेजों पर आधारित है। मेरा प्रयास यही रहा है कि पाठक पांडे जी के विचारों से जहाँ तक हो सके सीधे, उन्हीं के शब्दों में परिचित हों। जहाँ आवश्यक हुआ वहाँ भाषा को सरल किया है, पर मूल भाव की आत्मा को बनाए रखा है।

आज जब भारत नई संभावनाओं और नई चुनौतियों के बीच से गुजर रहा है, स्वतंत्रता संग्राम की उस पीढ़ी को फिर से पढ़ना और भी आवश्यक हो उठता है। हम उनके हर विचार से सहमत हों, यह आवश्यक नहीं; मैं स्वयं नहीं हूँ। पर प्रश्न पूछने का उनका साहस, राष्ट्र के प्रति उनकी निष्ठा और चिंतन की उनकी गंभीरता आज भी प्रेरणा देती है।

इस पुस्तक का उद्देश्य केवल अतीत का स्मरण नहीं है। इसका उद्देश्य उस संवाद को फिर से जीवित करना है जो एक स्वतंत्रता सेनानी ने अपनी जेल की कोठरी में स्वयं से आरंभ किया था।

वे जेल में बंद थे, पर उनके प्रश्न स्वतंत्र थे।

शायद यही इस पुस्तक का सबसे बड़ा संदेश है।

राहुल प्रकाश पांडे

संकलन, शोध एवं संपादन

अध्याय 1

सलाखों के बीच एक स्वतंत्र चिंतक

उनके हाथ की लिखी जेल डायरी का मूल पृष्ठ

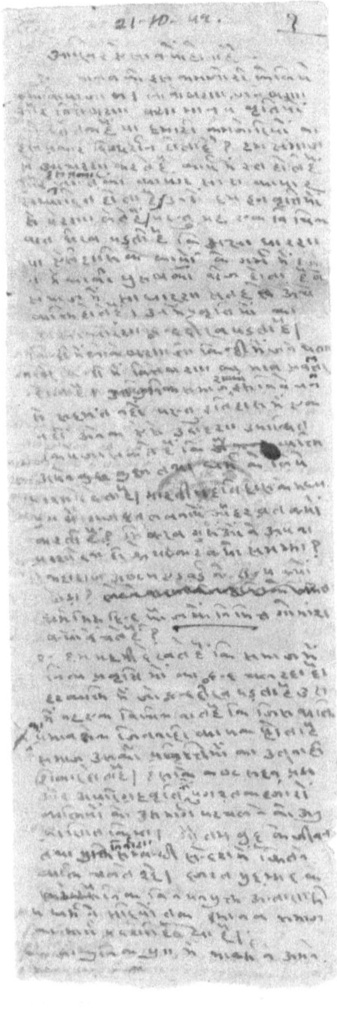

"आखिर ऐसा क्यों होता है" — फ़तेहगढ़ सेंट्रल जेल, 21 अक्टूबर 1941

जेल डायरी का एक और पृष्ठ

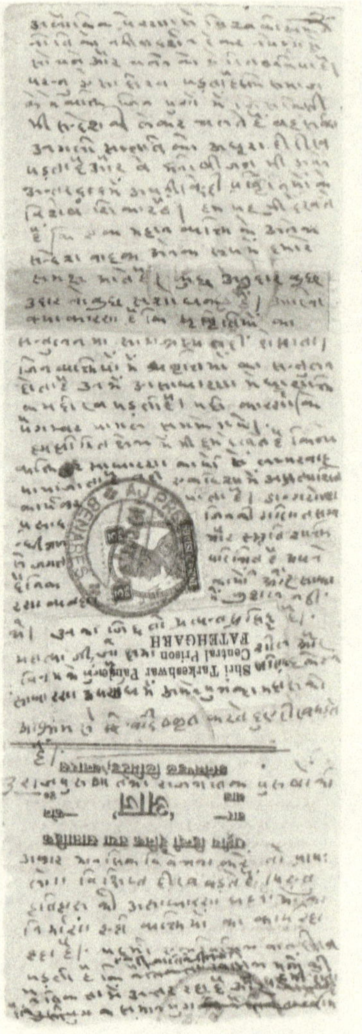

पं. तारकेश्वर पांडे की मूल हस्तलिपि

जेल की कोठरी में बैठे एक स्वतंत्रता सेनानी की डायरी का पहला वाक्य कुछ इस तरह आरम्भ होता है —

"मानव की इस कमजोरी के लिए क्या किया जाए। लोकेष्णा, जनेष्णा और वित्तेष्णा क्या मानव-वृत्तियों की द्योतक हैं, या हमारी कमजोरियों का इस प्रकार दिग्दर्शन होता है। हम समाज में आचरण करते हैं, कार्य में रत होते हैं और इस प्रकार जगत का सारा व्यापार सम्पादित होता है — उसमें हम इन्हीं वृत्तियों से प्रेरणा लेते हैं।"

यह 21 अक्टूबर 1941 को लिखे लेख "आखिर ऐसा क्यों होता है" की पहली पंक्तियाँ हैं। इन्हें पढ़ते समय विश्वास करना कठिन होता है कि इन्हें एक जेल की कोठरी में बंद राजनीतिक बंदी लिख रहा था। यहाँ जेल की यातना का विवरण नहीं है, न अंग्रेजी शासन के अत्याचारों की शिकायत, न अपने व्यक्तिगत कष्टों की कोई करुण कथा। यहाँ एक ऐसा मन है जो शत्रु को नहीं, मनुष्य को समझना चाहता है। आगे चलकर इसी कोठरी में, इन्हीं वर्षों में, वे प्रेम, प्रतिष्ठा, नेतृत्व और इतिहास पर वे विचार लिखेंगे जिन्हें यह अध्याय जहाँ तक हो सके उन्हीं के शब्दों में प्रस्तुत करता है।

उनका मूल प्रश्न यह है कि इतिहास रचने वाले असाधारण व्यक्ति स्वयं अपने भीतर इतने असंतुलित क्यों होते हैं —

"यह एक विचित्र बात दीख पड़ती है कि उस धारणा या ऐतिहासिक कार्यों के गर्भ में जिन मेधावी पुरुषों का बीज होता है, वे समाज में साधारण सतह से ऊँचे व्यक्ति होते हैं। उनमें परिस्थितियों का असाधारण द्वंद्व दीख पड़ता है। किन्हीं में लोकेष्णा, किन्हीं में जनेष्णा और किन्हीं में वित्तेष्णा का भाव प्रबल होता है। आधुनिक समाज शायद इस विवेचना से सहमत न हो, परन्तु इतिहास में एक नहीं अनेक ऐसे उदाहरण उपस्थित किए जा सकते हैं कि व्यक्ति अपने कुल और धर्म के लिए प्राण दे देता है। भारतीय इतिहास के मध्य युग में राजपूत ललनाएँ जौहर-व्रत क्यों करती हैं? सिख गुरुओं ने अपने प्राण देना ही क्यों उचित समझा? महाराज अष्टम एडवर्ड ने राज्य क्यों छोड़ा? धर्मभीरु हिन्दू फौजियों के निमित्त गो-मांस क्यों बेचते हैं?"

मनुष्य की इन वृत्तियों की खोज में वे किसी एक परम्परा या देश में नहीं रुकते; वे धर्म, राजनीति और इतिहास को अलग-अलग खानों में नहीं बाँटते, सबके भीतर एक ही मानव-प्रवृत्ति ढूँढ़ते हैं —

"जिस व्यक्ति का प्रभाव-क्षेत्र जितना ही व्यापक होता है, समाज उसकी प्रवृत्तियों का उतना ही शिकार होता है। ईसा के कष्ट-सहन, प्रेम और अपरिग्रह ने युगों तक हजारों व्यक्तियों को उस मार्ग पर चलने को अनुप्राणित किया। गौतम बुद्ध के जीवन तथा निर्वाण-संबंधी संदेश पर कितने व्यक्ति चलते रहे। हजरत मुहम्मद के अनुशासनयुक्त अंतरराष्ट्रीय धर्म ने सदियों तक समाज का मार्गदर्शन किया। आधुनिक युग में मार्क्स ने अपनी अलौकिक प्रेरणा से विश्व की समाज-नीति को नवीन दर्शन देकर नए ढंग से सोचने और चलने को प्रेरित किया।"

फिर वे एक अत्यंत सूक्ष्म बात कहते हैं — कि महानता और असंतुलन साथ-साथ चलते हैं:

"ऊँचे विचारक पागल समझे गए। सीमित क्षेत्र में भी देखते हैं कि जो व्यक्ति साधारण कार्यों में लापरवाह पाया जाता है, वही एक दिशा में अप्रत्याशित कार्य कर पाता है। डॉ. गणेश प्रसाद, जिनकी गणित-समझ, ज्ञान और स्मृति-शक्ति से जगत परिचित है, अपने दैनिक कार्यों और साधारण व्यवहारों में कुशल नहीं थे; उनकी ज़िद तो अत्यंत प्रसिद्ध है। महात्मा जी, जो क्षमा, शील और विनय के पुंज हैं, परिग्रह के एक साधारण अपराध में अपने पुत्र रामदास को आश्रम से बहिष्कृत करते दीख पड़ते हैं।"

यहीं इस डायरी का स्वभाव स्पष्ट होता है। पांडे जी किसी भी व्यक्ति को — चाहे वह महात्मा गांधी ही क्यों न हों — उसके गौरव के कारण मानवीय कसौटी से मुक्त नहीं रखते। यह असम्मान नहीं है; यह मनुष्य को उसकी संपूर्णता में देखने की क्षमता है, जिसमें सम्मान और प्रश्न साथ-साथ चल सकते हैं। राजनीतिक पुरुषों पर तो उनकी दृष्टि और भी निर्मम है:

"राजपुरुषों और राजनैतिक पुरुषों की यदि मानसिक विवेचना करें तो प्रायः लोग विक्षिप्त दीख पड़ते हैं। परन्तु इतिहास की असाधारण घटनाओं का निर्माण इन्हीं व्यक्तियों का कार्य रहा है। सिकंदर और नेपोलियन जिन प्रवृत्तियों को उत्तेजित कर विशाल साम्राज्य स्थापित करते हैं, क्या उन्हें जीवन में ही चढ़ाव-उतार का शिकार नहीं होना पड़ा ? हिटलर के राष्ट्रोन्मादी आक्रमण इस महान सैनिक नेता के विक्षिप्त मस्तिष्क के ज्वलंत उदाहरण हैं।"

उनके लिए नैतिकता भी कोई स्थिर वस्तु नहीं — वह युग और राष्ट्र के साथ बदलती है :

"एक ही युग में विभिन्न जनों की नैतिकता में अंतर रहा है, और यह भी होता है कि समान युग में यही नैतिकता राष्ट्रों के परस्पर विरुद्ध होती है। भारतीय इतिहास के वर्तमान काल के प्रारंभ में सती-प्रथा को अप्रतिम न्याय का स्थान प्राप्त था, परन्तु उसे ब्रिटिश राष्ट्र की नैतिकता में कोई स्थान नहीं था। नाव के डूबने पर राज्य की ओर से सार्वजनिक जाँच होती है और अपराधी को दंड मिलता है, परन्तु फ्रेंच राष्ट्र की विशाल जलसेना का संहारकर्ता नेलसन ब्रिटिश राज्य का महान और पूजनीय नेता माना जाता है।"

और इसी द्वंद्व का सबसे मार्मिक उदाहरण वे भारतीय इतिहास से उठाते हैं:

"भारतीय इतिहास के दो महापुरुष समान अवस्थाओं में भिन्न आचरण करते हैं। महाराणा प्रताप राज्य-च्युत होकर नित्य जंगल में भ्रमण करते हुए स्वतंत्रता की अलख जगाना श्रेयस्कर समझते हैं। उसी अवस्था में शिवाजी मुगल सम्राट के दरबार में जाते हैं, और अपनी प्रतिष्ठा के अनुकूल आसन न पाकर उत्तेजित हो जाते हैं।"

लोकेष्णा : यश और प्रतिष्ठा की भूख

22 अक्टूबर 1944 को आरम्भ हुआ "लोकेष्णा" शीर्षक लेख इस डायरी का केंद्रीय वैचारिक आधार है। यहाँ वे मनुष्य की प्रतिष्ठा-लालसा का

गहरा अध्ययन करते हैं — और सबसे पहले उसका रचनात्मक पक्ष स्वीकार करते हैं:

"आकांक्षा और महत्वाकांक्षा, इच्छा और प्रबलतम इच्छा, अभिलाषा और हार्दिक अभिलाषा मनुष्य में एक ओर विरोचित गुण उत्पन्न करती है और व्यक्ति को एक दिशा में संगठित होने तथा प्राण-विसर्जन करने को प्रेरित करती है; तो दूसरी ओर व्यक्ति और राष्ट्र में परस्पर राग-द्वेष, द्वंद्व और कलह की रचना करती है, जिसमें अधोगति और संहार निश्चित है।"

पर यही आकांक्षा जब आत्मसंयम खो देती है, तब पद साधन नहीं रह जाता, स्वयं लक्ष्य बन जाता है:

"हम साधारणतया समाज में यह कहते-सुनते हैं कि अमुक व्यक्ति चतुर, कार्यकुशल और साधन-सम्पन्न है, परन्तु पद-लोलुप है। साधारण पद और स्थान की प्राप्ति के निमित्त असाधारण द्वंद्व की रचना कर देता है, और कभी-कभी अपने अनुभवी और चिर-परिचित मित्रों का भी त्याग कर अपनी लिप्सा में अवांछनीय व्यक्तियों के समुदाय में सम्मिलित हो जाता है।"

उनकी विशेषता यह है कि वे केवल सम्राटों और विश्व-नेताओं का उदाहरण नहीं देते; वे अपने आसपास की ज़िला-राजनीति को गंभीर अध्ययन का विषय बनाते हैं। 1939 की एक घटना वे विस्तार से दर्ज करते हैं:

"1939 में पूर्वी जिले के डी.बी. के चेयरमैन का देहांत हुआ। नए चेयरमैन का चुनाव था। पुरानी परम्परा के अनुसार चेयरमैन किसी भूमिहार को होना चाहिए था, परन्तु कांग्रेस ने दलीय और जातीय परम्परा को तोड़ दिया था। एक सज्जन की, जो पुरानी परम्परा के निर्माणकर्ता थे, लोकेष्णा इतनी तीव्र हो उठी कि वे संकीर्ण जातीय भावना से ऊपर उठ गए और घोषित किया कि वे चेयरमैन-चुनाव में इसलिए खड़े हो रहे हैं कि जिले में राष्ट्रीयता का उद्भव हो। परन्तु कांग्रेस ने जब दूसरे व्यक्ति का नाम पेश किया तो वे बड़े खिन्न हो गए

और चुनाव को इस तार्किक उपसंहार तक पहुँचा दिया कि एक मुसलमान उस पद पर निर्वाचित हुआ।... जाने उसने कभी महसूस किया कि नहीं कि उसकी लोकेष्णा ने न केवल पुरातन परम्परा और सहकारिता का तिरस्कार किया, बल्कि कांग्रेस को स्थान ग्रहण करने में भी बाधा पहुँचाई।"

इससे भी तीखा वह प्रसंग है जिसमें प्रतिष्ठा को ठेस लगने का भय एक ईमानदार कार्यकर्ता को विद्रोही बना देता है:

"मुझे एक बार मिर्जापुर के पर्वतीय इलाके के एक मंडल कांग्रेस ऑफिस का निरीक्षण करने का अवसर मिला। मंत्री जी ने ऑफिस के तमाम कागजात पेश किए, परन्तु हिसाब-जाँच के समय अत्यंत क्रुद्ध हो गए और अनाप-शनाप बकने लगे।... उनका उत्तर अत्यंत सरल और स्पष्ट था — 'क्या मैं चोर हूँ और जनता का रुपया खाता हूँ कि महात्मा जी ने उन्नीस सालों के बाद हिसाब जाँचने के लिए आपको भेजा है?'"

पांडे जी को इस छोटे-से वाक्य में सार्वजनिक जीवन का एक बड़ा सत्य दिखाई देता है — कि व्यक्ति कई बार नियम का विरोध इसलिए नहीं करता कि नियम ग़लत है, बल्कि इसलिए कि उसे लगता है उसकी प्रतिष्ठा पर चोट पहुँची है। उसी पंडित जी का अंत वे इस विडंबना के साथ दर्ज करते हैं कि बीस वर्ष की सेवा के बाद वे अपनी ही सर्वप्रिय संस्था के विरुद्ध हो गए, और एक प्रसिद्ध जनसेवक स्व. युसूफ इमाम का काले झंडों से तिरस्कार कर बैठे।

इसी से वे एक स्थायी मनोवृत्ति की पहचान करते हैं:

"व्यक्ति में यह भावना भी पाई जाती है कि वह किसी के नियंत्रण में नहीं रहना चाहता, और अपनी स्वतंत्र कीर्ति रचकर उसे अमर एवं स्थायी बनाने की धुन में लगा रहता है।"

और फिर वे सफलता और स्थायित्व के बीच का वह अंतर बताते हैं जो आज भी सार्वजनिक जीवन पर पूरी तरह लागू होता है:

"मनुष्य उतावला और पागल हो जाता है। उसे यह नहीं मालूम कि किसी स्थान-विशेष पर पहुँच जाना एक बात है, और उस स्थान की परम्परा कायम रखना तथा उसमें अपना स्थान बनाए रखना दूसरी बात है। विश्वामित्र को त्रिशंकु को जाति-नियम के विरुद्ध इंद्र के दरबार तक पहुँचाने की कला तो मालूम थी, परन्तु वहाँ स्थायी सदस्य बनाना वे नहीं जानते थे।"

23 अक्टूबर 1944 की प्रविष्टि में वे आकांक्षा का दूसरा, सृजनात्मक पक्ष फिर सामने रखते हैं — कि उसके अभाव में मनुष्य निष्क्रिय हो जाता है:

"यदि व्यक्ति में आकांक्षा का अभाव हो तो वह कार्यहीन हो जाए। धर्म और राजनीति का सर्वश्रेष्ठ नेता बनने की अभिलाषा और अपनी कीर्ति को स्थायी बनाने की प्रवृत्ति ने ही अकबर को धार्मिक क्षेत्र में 'दीन-ए-इलाही' का उदार पैगम्बर और भारतीय राष्ट्र का सम्राट बनाया।... शिवाजी जब लड़के थे तभी छोटे-छोटे लड़कों के जत्थे का संगठन कर युद्ध करते पाए जाते हैं। जयप्रकाश नारायण अपनी बाल्यावस्था में बहुत कम बोलते और अधिक विचार करते थे।"

अंततः वे एक संतुलित निष्कर्ष पर पहुँचते हैं — जिसमें न आकांक्षा का निषेध है, न उसका अंधानुमोदन:

"अंत में हम इस निष्कर्ष पर पहुँचते हैं कि आकांक्षा मनुष्य की प्रवृत्तियों में एक विचित्र प्रवृत्ति है। हम उसका प्रयोग सीमित और विस्तृत दोनों क्षेत्रों में कर सकते हैं। परन्तु यह आवश्यक है कि साधन और लक्ष्य में सर्वथा सामंजस्य रहे; नहीं तो दुस्साहस कर यदि पराजय के पाश में पड़े, तो विक्षिप्त अवस्था की अधिक सम्भावना है, जिससे हमारा तथा हमारे प्रभाव-क्षेत्र में आए हुए जनसमुदाय का महान संहार होगा।"

गांधी, 1942 और नेतृत्व पर एक निर्भीक प्रश्न

यहाँ इस पुस्तक को एक दुर्लभ दस्तावेज़ी तथ्य का उल्लेख करना चाहिए। "लोकेष्णा" के आगे का यह अंश पांडे जी ने अपने दूसरे

संस्करण (23 जून 1947) में स्वयं हटा दिया था; लोकेष्णा के संपादकों ने उसे पुराने संस्करण से पुनः सम्मिलित किया। स्वतंत्रता निकट आते आते उन्होंने 1942 और गांधीजी के नेतृत्व पर अपनी यह तीखी टिप्पणी क्यों हटाई, यह अपने आप में विचारणीय है। हम इसे यहाँ उसी रूप में प्रस्तुत कर रहे हैं जिस रूप में उन्होंने पहली बार लिखा था — क्योंकि यही उनके चिंतन का सबसे निर्भीक क्षण है।

लोकेष्णा पर विचार करते-करते वे अपने समय की सबसे बड़ी राजनीतिक घटना तक पहुँच जाते हैं — 1942 का भारत छोड़ो आंदोलन — और सीधे प्रश्न करते हैं:

"भारतीय स्वतंत्रता की आकांक्षा से प्रेरित होकर महात्मा जी ने 1942 के भारतीय विद्रोह की जो व्यूह-रचना की, उसमें उपकरणों की कमी रही — उसकी जिम्मेदारी किस पर है? इस नर-मेधी यज्ञ में बलि-वेदी पर चढ़ाए जाने वाले महान व्यक्तियों की जिम्मेदारी किस पर है? अपरिभाषित और असंगठित नेतृत्व के हाथ में युद्ध का भार किसने सौंपा?"

यह प्रश्न किसी विरोधी का नहीं है — वे स्वयं उसी आंदोलन के कार्यकर्ता थे और उसी संघर्ष के कारण जेल में थे। उनका साहस इसमें नहीं था कि वे गांधीजी से असहमत हो सकते थे; उनका साहस इसमें था कि वे गांधीजी का सम्मान करते हुए भी उनसे प्रश्न पूछ सकते थे। गांधीजी के संभावित आमरण-अनशन पर वे उन्हें किसी साधारण राजनेता के रूप में नहीं, आत्मबलिदान की भारतीय परम्परा में रखकर देखते हैं:

"मैंने सुना है कि महात्मा जी भारतीय आज़ादी के निमित्त आमरण अनशन करेंगे। यह कोई नवीन प्रयोग नहीं है। प्राचीन समय में शिवि और दधीचि ने इसी तरह लोक-सेवा-हवन के निमित्त आत्म-विसर्जन किया था। कुमारिल भट्ट का अग्नि में आत्मदाह और गुरु तेग बहादुर का आत्म-बलिदान भी इसके ज्वलंत उदाहरण हैं।"

पर यहाँ भी उनका प्रश्न बना रहता है — बलिदान की प्रतिक्रिया क्या होगी, और इतिहास उसका क्या मूल्य चुकाता है:

"इतिहास में अनेक स्थलों पर ऐसा हुआ है। ईसा के बलिदान ने यहूदियों के जीवन-पथ को सदियों तक कंटकाकीर्ण बना दिया। सिख गुरुओं के बलिदान ने तैमूरी सल्तनत को समाप्त कर दिया।"

और इसी तर्क के अंतिम उपसंहार तक वे पहुँचते हैं — एक ऐसी दृष्टि जिसमें त्रासदी और आशा दोनों हैं:

"यदि इन प्रतिक्रियाओं को, जिनकी सृष्टि अंग्रेज़ और देशद्रोही भारतीय संयुक्त रूप से करा रहे हैं, इस तार्किक उपसंहार तक पहुँचा दिया कि महात्मा का आत्म-विसर्जन अनिवार्य हो गया — तो उस बलिदान की प्रतिक्रिया की अग्नि में अंग्रेज़ और भारतीय वर्गों को सदियों तक जलना पड़ेगा, और भारत स्वतंत्र होगा।"

जनेष्णा या कामेष्णा : प्रेम, आसक्ति और मनुष्य का हृदय

यदि लोकेष्णा मनुष्य की प्रतिष्ठा की भूख है, तो "जनेष्णा या कामेष्णा — दाससुतैष्णा" शीर्षक लेख मनुष्य के हृदय की भूख है। यहाँ वे राजनीति से हटकर उस भीतरी संसार में प्रवेश करते हैं जहाँ प्रेम, आकर्षण, स्नेह, वासना, त्याग और आसक्ति एक साथ रहते हैं। आरम्भ वे प्रेम की रचनात्मक शक्ति से करते हैं:

"प्रेम तथा स्नेह और इश्क तथा मुहब्बत का आदि-स्रोत मनुष्य के अंतर्मन की भावनाएँ हैं, जो अपने सलिल-प्रवाह से हमारे जीवन को अमरत्व प्रदान करती हैं और सत्कार्यों के लिए प्रोत्साहन एवं पौरुष प्रदान करती हैं। यह विचित्र बात है कि जिन सद्‌गुणों पर हमारा भावी जीवन अवलंबित है, और जिनके अभाव में हम निष्क्रिय हो सकते हैं, वे ही किन्हीं अवसरों पर तिरस्कार, असफलता और सर्वनाश का कारण होते हैं।"

और तुरंत उसका विनाशकारी पक्ष:

"जिन स्थलों से हम जीवन-सलिल प्राप्त करते हैं, वहीं से आग का अभिशाप मिलने लगता है — जिससे हमारा प्रयास विफल ही नहीं होता, बल्कि उसमें जलकर हम राख हो जाते हैं और हमारा अस्तित्व ही मिट जाता है।"

इस विचार को स्पष्ट करने के लिए वे एक यूरोपीय चित्रकार की कथा सुनाते हैं:

"उन्नीसवीं शताब्दी के अंत में यूरोप में एक महान चित्रकार था — एक बहुत साधारण व्यक्ति। वह एक युवती से प्रेम करने लगा, लेकिन सामाजिक अवस्था और परम्परागत विचारों के कारण सफल नहीं हो सका।... एक दिन देखने को मिला कि पेरिस की पुलिस उस चित्रकार की लाश निकाल रही है। दीवार से लटका एक चित्र पाया गया, जो एक मैले कपड़े से ढका हुआ था। पेरिस के एक प्रसिद्ध संग्रहालय में आज भी वह चित्र रखा है, जिसे अपनी प्रेयसी को न पाकर उस महान कलाकार ने अपनी अनुभूतियों की तूलिका से चित्रित किया था। कहा जाता है कि वह संसार के सर्वश्रेष्ठ चित्रों में से एक है।"

वे महापुरुषों को भी इसी मानवीय कसौटी पर रखते हैं — कमाल अतातुर्क की उपलब्धियाँ स्वीकार करते हुए भी उनकी दुर्बलता को नहीं छिपाते, और गांधीजी की एक टिप्पणी उद्धृत करते हैं:

"एक स्थल पर गांधी जी कहते हैं कि यदि वे (कमाल पाशा) ब्रह्मचर्य-व्रत का पालन करते, तो जितना उन्होंने तुर्की को ऊँचा उठाया, उतना वे सारे संसार को उठा पाते।"

मानव-स्वभाव के पर्यवेक्षक के रूप में वे छोटी-छोटी घटनाओं से बड़े निष्कर्ष निकालते हैं — जैसे यह कि अपरिचित लोग किसी समारोह में सहसा एक-दूसरे से जुड़ जाते हैं:

"गांधी जी का दर्शन कर लोग छपरा से लौट रहे थे। मेरे एक मित्र और एक अन्य सज्जन, जो सभा-स्थल पर ही मित्र बन गए थे, परस्पर वार्ता में मशगूल थे। मैंने समझा कि वे पूर्व-परिचित हैं... आज वे दोनों नज़रबंद मित्र हैं, साथी हैं और सहयोगी हैं।"

लेख का सबसे गहरा भाग वह है जहाँ वे आसक्ति की मनोवैज्ञानिक अवस्था का वर्णन करते हैं — और यह स्मरण रखना चाहिए कि यह 1944 में लिखा गया था:

"वासना का उदय, स्नेह या प्रेम की भावना तथा परस्पर सामीप्य की लालसा मनुष्य को पागल बना देती है। उसे एक सौ बोतल का नशा हो जाता है।... अपने और पराये का उसे ज्ञान नहीं होता; वह यह नहीं समझता कि कौन उसका मित्र है और कौन शत्रु। वह चिड़चिड़ा, उद्दंड, अभद्र, अविवेकी और मिथ्यावादी हो जाता है।... उसे बड़ों से अशुभ-चिंतन, समवयस्कों से प्रतिस्पर्धा और छोटों से तिरस्कार की भावना ही दीख पड़ती है।... ऐसे अवसरों पर वह साधारणतया खून और आत्महत्या के अपराध कर बैठता है।"

पर इस वर्णन का उद्देश्य निंदा नहीं, करुणा है। यहीं उनकी दृष्टि सबसे अधिक मानवीय हो जाती है:

"भारतीय समाज में, जिसमें शिक्षा और खासकर वैज्ञानिक शिक्षा का अभाव है, ऐसे मानसिक रोगियों के प्रति पढ़े-लिखे विचारशील व्यक्तियों का व्यवहार भी उचित नहीं होता — और प्रतिकूल व्यवहार, उपेक्षा तथा बहिष्कार कर के वे उसे अपना कोपभाजन बनाते हैं।"

गांधीजी का उल्लेख वे यहाँ भी निस्संकोच करते हैं —

"महात्मा गांधी जैसे विचारशील व्यक्ति ने चरित्र-संबंधी साधारण अपराध में नीला भागिनी को न केवल आश्रम से निष्कासित किया, बल्कि उसके परिचित व्यक्तियों को भी उसे शरण देने से मना कर दिया। भला चरित्र के अपराध में बहिष्कृत नीला भागिनी को भारत जैसे देश में, गांधी जी के मना करने पर, कौन स्थान देगा?"

— और साथ ही प्रेम की सृजन-शक्ति के उदाहरण भी देते हैं: कि अपने प्रियजन की स्मृति को ऐतिहासिक रूप देने के लिए कैसे अनेक कार्य हुए हैं, और "आगरा का ताज इसका जीवित प्रतीक है।" वे दशरथ द्वारा राम को वनवास देकर प्राण त्यागने, और नेपोलियन के उस क्षण का स्मरण करते हैं जब वह अपनी पत्नी की गोद में बालक-सा सो जाता

है। वे यह भी देखते हैं कि वासना की अतृप्ति और कर्कशता के गर्भ से अनेक महापुरुष जन्मे — "भृतहरि और तुलसीदास की कथा सर्वविदित है; सूर, रसखान, शरद और प्रेमचंद इसके उदाहरण हैं।"

पूरे लेख का अंतिम संदेश वही करुणा है:

"आज इस बात की बड़ी आवश्यकता है कि हम अत्यंत सावधानी से व्यक्ति और उसके समुदाय के साथ व्यवहार करें। घृणा, प्रतिकार, उत्तेजना, अनादर और बहिष्कार से इन मानसिक रोगियों का समाधान नहीं हो सकता। तब कहीं समाज में व्यक्ति अनुकूल वातावरण पा सकेंगे, और मानसिक अवस्था निरोग हो सकेगी।"

प्रथम सत्याग्रह : विचार से कर्म की ओर

डायरी के इन दार्शनिक लेखों के बाद एक भिन्न प्रकार की प्रविष्टि आती है, जिसका शीर्षक "प्रथम सत्याग्रह का संक्षिप्त विवरण" लोकेष्णा के संपादकों ने स्वयं दिया है — मूल लेख में यह शीर्षक नहीं था। यह स्वतंत्रता-संग्राम के आरंभिक वर्षों का एक सूत्रबद्ध, संख्याबद्ध कालक्रम है। पर इसका महत्व इसी में है कि जब पांडे जी "कर्म" का लेखा-जोखा रखने बैठते हैं, तब भी उनकी प्रवृत्ति विश्लेषणात्मक ही रहती है — वे आर्थिक परिस्थितियों को राजनीतिक जागरण से जोड़ते हुए घटनाओं की कार्य-कारण-शृंखला बुनते हैं:

1. लोकमान्य बाहर आए।
2. लोकमान्य और मिसेज़ एनी बेसेंट ने होमरूल लीग का कार्य प्रारम्भ किया।
3. कांग्रेस अधिवेशनों के साथ-साथ नरेश और लीग के अधिवेशन भी होने लगे।
4. मिसेज़ बेसेंट की नज़रबंदी से देश में उत्तेजना।
5. मि. एडविन मॉन्टेग्यू भारत-मंत्री बने।
6. मॉन्टेग्यू-चेम्सफोर्ड रिपोर्ट।

7. 1918 में प्रकाशित मॉन्टेग्यू-चेम्सफोर्ड रिपोर्ट पर विचार के लिए जो कांफ्रेंस हुई, उसमें नरम दल के लोग नहीं आए।

8. 1916 में लखनऊ में हिन्दू-मुस्लिम समझौते पर नरम-गरम दल की सम्मिलित बैठक; लोकमान्य आए।

9. कल-कारखानों और पूंजीवादी सत्ता की तरक्की; आम लोग तकलीफ़ में थे।

10. मध्यवर्ग सुधारों पर आशान्वित, आंदोलन की सफलता में विश्वासी — स्वराज्य और स्वशासन को लाभकर मानता था।

11. पंजाब के देहातों में जबरन रंगरूट-भर्ती से किसानों में असंतोष।

12. कोमागाटा मारू वाले बाबा गुरुदत्त सिंह, 1915, कनाडा; छह सौ व्यक्ति।

13. उत्तरी भारत का क्रांतिकारी आंदोलन।

14. तुर्किस्तान और खिलाफत के प्रश्न पर भारतीय मुस्लिम असंतुष्ट; मौलाना ज़फ़र अली, मौलाना आज़ाद और अली-बंधु नज़रबंद किए गए।

15. हताशा और चिंता के बीच रौलट एक्ट भारतीयों के विरुद्ध तीन वर्ष के लिए लागू किया गया।

16. मॉन्टेग्यू-चेम्सफोर्ड योजना भारत का कानून बनी।

17. 1919 में गांधी जी ने वायसराय को रौलट एक्ट के विरुद्ध लिखा, किन्तु उन्होंने अस्वीकार कर दिया।

18. गांधी जी ने सत्याग्रह-सभाएँ आरम्भ कीं, जिनमें लोगों से प्रतिज्ञा ली जाने लगी कि यदि रौलट एक्ट हम पर लागू होगा तो हम नहीं मानेंगे।

19. सत्याग्रह-दिवस, हड़ताल, बंद। दिल्ली और अमृतसर में फौज ने गोली चलाई। जलियाँवाला काण्ड। पंजाब में कठोर दमन — देश में घोर अशांति।

(ये पांडे जी की सूत्र-रूप जेल-टिप्पणियाँ हैं और मूल में आगे भी जारी रहती हैं। इनमें कुछ तिथियाँ स्मृति अथवा प्रतिलिपि की भूल से प्रभावित जान पड़ती हैं — जैसे मॉन्टेग्यू-चेम्सफोर्ड सुधार वस्तुतः 1919 के भारत-शासन अधिनियम के रूप में लागू हुए। मूल पाठ की भावना सुरक्षित रखते हुए हमने इन्हें यथावत् रखा है।)

इस सूची में हमें एक ऐसा मन दिखाई देता है जो "कर्म" को भी "विचार" की दृष्टि से ही देखता है। जेल की कोठरी में बैठा यह व्यक्ति केवल इतिहास को समझने का प्रयास नहीं कर रहा था; वह स्वयं उसी इतिहास का सक्रिय भाग था। उसकी डायरी इसीलिए केवल विचारों का संग्रह नहीं — वह विचार और कर्म के मिलन का दस्तावेज़ है। और यहीं से उसकी यात्रा का वह चरण आरम्भ होता है जिसमें ये पंक्तियाँ लिखी गईं — कारावास के वे लंबे वर्ष, जिनकी कथा अगले अध्याय का विषय है।

वे जेल में बंद थे, पर उनके प्रश्न स्वतंत्र थे।

अध्याय 2

जड़ें : बलिया, परिवार और पहली पुकार

बलिया : विद्रोह की धरती

किसी व्यक्ति को समझने के लिए केवल उसके विचारों को जान लेना पर्याप्त नहीं होता। यह जानना भी आवश्यक है कि वह किस मिट्टी में जन्मा, किन परिस्थितियों में बड़ा हुआ और किन आवाज़ों ने पहली बार उसके भीतर सपनों और संघर्षों को जगाया। पं. तारकेश्वर पांडे के जीवन को समझने के लिए हमें सबसे पहले बलिया को समझना होगा।

गंगा और घाघरा के संगम पर बसा बलिया सदियों से अपनी स्वतंत्र चेतना और स्वाभिमानी स्वभाव के लिए जाना जाता रहा है। यह केवल खेतों और गाँवों की भूमि नहीं थी; यह ऐसी भूमि थी जहाँ अन्याय के विरुद्ध आवाज़ उठाना जीवन का स्वाभाविक हिस्सा माना जाता था। यहाँ का किसान भले ही साधनहीन रहा हो, पर आत्मसम्मान से समझौता करना उसके स्वभाव में नहीं था। यही वह जिला था जिसे आगे चलकर "बागी बलिया" की पहचान मिली, और जिसे इतिहास शेरे-बलिया चित्तू पांडे जैसे नामों से स्मरण करता है। वर्षों बाद, स्वतंत्र भारत की राज्यसभा में खड़े होकर तारकेश्वर पांडे इसी गर्व के साथ कहेंगे कि जिस जिले से वे आते हैं, "वह बहादुरों का जिला है।"

पर विद्रोह अचानक पैदा नहीं होता। उसके पीछे वर्षों की चेतना, असंतोष और आत्मसम्मान की परंपरा होती है। बीसवीं शताब्दी के आरंभिक वर्षों में, जब भारत पर अंग्रेजी शासन का नियंत्रण सबसे मजबूत दिखाई देता था, तब भी पूर्वांचल के गाँवों और कस्बों में राष्ट्रीय चेतना धीरे-धीरे आकार ले रही थी। समाचारपत्र कम पहुँचते थे, संचार के साधन सीमित थे, पर विचारों की यात्रा को कोई नहीं

रोक सकता था। कांग्रेस के अधिवेशनों, गांधीजी के आंदोलनों और स्वतंत्रता सेनानियों के त्याग की कथाएँ चौपालों की चर्चाओं, हाट-बाज़ारों की बहसों और विद्यालयों के छात्रों के बीच होते-होते जन-जन तक पहुँच रही थीं। राष्ट्रीय गीत गाँवों में गूँजने लगे थे। बलिया अब केवल एक भौगोलिक क्षेत्र नहीं, एक विचार बनता जा रहा था।

राष्ट्रीय आंदोलन की सबसे बड़ी शक्ति यही थी कि उसने स्वतंत्रता को नेताओं तक सीमित नहीं रहने दिया; उसने उसे किसान, शिक्षक, व्यापारी, छात्र और गृहिणी — सबकी आकांक्षा बना दिया। ऐसे वातावरण में जन्म लेने वाला कोई भी संवेदनशील बालक इन घटनाओं से अछूता नहीं रह सकता था। उसके लिए स्वतंत्रता कोई दूर का स्वप्न नहीं, बल्कि उसके चारों ओर घटित होती हुई वास्तविकता थी। वह अपने आसपास ऐसे लोगों को देख रहा था जो देश के लिए जेल जा रहे थे, ऐसे परिवारों को देख रहा था जो त्याग को सम्मान की दृष्टि से देखते थे, और ऐसे युवाओं को देख रहा था जो व्यक्तिगत जीवन से अधिक राष्ट्रीय जीवन की चिंता करते थे। धीरे-धीरे यही वातावरण एक पूरी पीढ़ी को आकार दे रहा था, और उसी पीढ़ी का एक नाम था — तारकेश्वर पांडे।

परिवार, अभाव और संस्कार

14 अगस्त 1910 को बलिया जनपद के फकराय राय के टोला में जन्मे इस बालक का नाम रखा गया तारकेश्वर। उनके पिता श्री अनिरुद्ध पांडे और माता श्रीमती राम दुलारी देवी एक साधारण ग्रामीण परिवार से थे। उस समय पूर्वी उत्तर प्रदेश का ग्रामीण जीवन आज की तुलना में कहीं अधिक कठिन था। संसाधन सीमित थे, शिक्षा के अवसर कम थे और आर्थिक सुरक्षा का कोई स्थायी आधार नहीं था। फिर भी ऐसे परिवारों में एक नैतिक शक्ति होती थी जो अगली पीढ़ी के व्यक्तित्व को गहराई से गढ़ती थी। श्रम, अनुशासन और आत्मसम्मान के जो संस्कार बालक तारकेश्वर को अपने माता-पिता से मिले, वे जीवन भर उनके साथ रहे।

जीवन की कठोर वास्तविकताओं से उनका परिचय बहुत कम आयु में ही हो गया। परिवार की स्मृति के अनुसार, उनके पिता का निधन तब हुआ जब उनकी आयु लगभग दस-ग्यारह वर्ष ही रही होगी। बाल्यावस्था में पिता का साया उठ जाना किसी भी परिवार के लिए गहरा आघात होता है, और परिवार का सारा भार स्वाभाविक रूप से माता के कंधों पर आ गया। संभवतः यही वह मोड़ था जहाँ बालक तारकेश्वर ने जीवन को उसकी कठोरता में देखना आरंभ किया।

माता राम दुलारी देवी को परिवार आज भी असाधारण परिश्रम, किफ़ायत और आत्मसम्मान के साथ स्मरण करता है। एक प्रसंग आज भी घर में सुनाया जाता है — कहा जाता है कि अनाज का इतना मोल था कि गेहूँ साफ कर लेने के बाद भी वे निकले हुए भूसे को फिर से ध्यान से देखती थीं, कहीं कोई दाना छूट न गया हो। यह केवल घरेलू सावधानी का प्रसंग नहीं है; यह उस संघर्षपूर्ण जीवन की झलक है जिसमें एक-एक दाने और एक-एक अवसर का मूल्य समझा जाता था। ऐसे वातावरण में पले बालक ने बहुत जल्दी यह सीख लिया कि जीवन केवल अधिकारों का नाम नहीं, कर्तव्य, श्रम और धैर्य का भी नाम है। शायद इसीलिए आगे चलकर जब उन्हें जेल, आर्थिक संकट और राजनीतिक संघर्ष का सामना करना पड़ा, तब वे अपेक्षाकृत अधिक दृढ़ दिखाई देते हैं — जिन्होंने बचपन में अभाव देखा हो, वे विपरीत परिस्थितियों से सहज ही नहीं घबराते।

प्रतिकूल परिस्थितियों के बावजूद पढ़ाई के प्रति उनकी रुचि बनी रही। उस समय शिक्षा प्राप्त करना स्वयं एक संघर्ष था — विद्यालय कम थे और छात्रों को कई किलोमीटर पैदल चलकर पढ़ने जाना पड़ता था। बलिया जैसे जिलों में उच्च शिक्षा की सुविधाएँ लगभग नगण्य थीं। फिर भी उन्होंने स्थानीय विद्यालयों में अध्ययन किया और आगे चलकर एल० डी० मैस्टन हाईस्कूल तक पहुँचे, जो उस समय किसी ग्रामीण छात्र के लिए एक महत्वपूर्ण उपलब्धि मानी जाती थी। परंतु तारकेश्वर केवल पाठचपुस्तकों के विद्यार्थी नहीं थे;

वे अपने आसपास की दुनिया को भी पढ़ रहे थे। वे प्रश्न पूछते थे, सुनते थे, और यह समझने का प्रयास करते थे कि आखिर ऐसा क्या है जिसके लिए लोग अपना जीवन तक दाँव पर लगाने को तैयार हैं। बाद के वर्षों में उनकी जेल डायरी में यही जिज्ञासु स्वभाव बार-बार लौटता दिखाई देता है; संभवतः उसके बीज इन्हीं आरंभिक वर्षों में पड़ चुके थे।

सन् 1924 में उनका विवाह श्रीमती सोनफूला देवी से हुआ। उस समय शायद किसी ने कल्पना भी नहीं की होगी कि यह परिवार आगे चलकर स्वतंत्रता आंदोलन की कठिन परीक्षाओं से गुज़रेगा। विवाह के कुछ ही वर्षों बाद राष्ट्रीय आंदोलन उनके जीवन का केंद्र बन गया, और गिरफ्तारी, कारावास, संगठन और निरंतर यात्राएँ उनके निजी जीवन पर भी अपनी छाप छोड़ने लगीं।

उपलब्ध दस्तावेज़ों में सोनफूला देवी के विषय में अधिक विवरण नहीं मिलता। पर कभी-कभी इतिहास की सबसे बड़ी कहानियाँ उन्हीं की होती हैं जिनके बारे में सबसे कम लिखा गया होता है। एक स्वतंत्रता सेनानी की पत्नी का जीवन केवल प्रतीक्षा का जीवन नहीं होता। जब पति वर्षों जेल में हो, तब घर की व्यवस्था, सामाजिक संबंध, भविष्य की अनिश्चितता और परिवार के भीतर विश्वास तथा स्थिरता बनाए रखने का सारा भार उसी पर आ जाता है। यह संघर्ष दिखाई नहीं देता, पर उसका मूल्य किसी सार्वजनिक संघर्ष से कम नहीं होता। यदि तारकेश्वर पांडे राष्ट्रसेवा के लिए बार-बार घर से बाहर जा सके, तो उसके पीछे परिवार की वह मौन शक्ति अवश्य रही होगी जिसने घर को संभाले रखा।

जब हम उनके जीवन को समग्रता में देखते हैं तो स्पष्ट होता है कि उनके व्यक्तित्व का निर्माण केवल राजनीतिक विचारों से नहीं हुआ था। उसके पीछे परिवार की संघर्षशील परंपरा थी, माता का धैर्य था, आरंभिक अभावों का अनुभव था और पत्नी का मौन सहयोग था। स्वतंत्रता संग्राम केवल उन लोगों की कथा नहीं है जिन्होंने जेल की

यातनाएँ सहीं; वह उन परिवारों की भी कथा है जिन्होंने उन यातनाओं का भार अपने ढंग से वहन किया। आज जब हम तारकेश्वर पांडे के राष्ट्रीय योगदान को स्मरण करते हैं, तब राम दुलारी देवी और सोनफूला देवी जैसी उन स्त्रियों को भी स्मरण करना चाहिए, जिनका नाम इतिहास की मुख्यधारा में भले कम दिखाई दे, पर जिनकी तपस्या के बिना ऐसी जीवन-यात्राएँ संभव नहीं हो पातीं।

छात्र से सत्याग्रही की ओर

किसी भी पीढ़ी के जीवन में ऐसे क्षण आते हैं जब व्यक्तिगत भविष्य और राष्ट्रीय भविष्य आमने-सामने आ खड़े होते हैं, और व्यक्ति को यह तय करना होता है कि वह अपने लिए जिएगा या अपने से बड़े किसी उद्देश्य के लिए। बीसवीं शताब्दी का तीसरा दशक भारत के सामने ऐसा ही एक ऐतिहासिक मोड़ लेकर आया। गांधीजी के नेतृत्व ने स्वतंत्रता आंदोलन को नगरों और शिक्षित वर्ग की सीमाओं से निकालकर गाँवों तक पहुँचा दिया था। पहली बार सामान्य भारतीय स्वयं को राष्ट्र के भविष्य से सीधे जुड़ा हुआ अनुभव करने लगा था।

इसी परिवर्तनशील वातावरण में युवा तारकेश्वर का परिचय उन राष्ट्रनिष्ठ कार्यकर्ताओं से हुआ जो आंदोलन को जन-जन तक पहुँचाने में लगे थे। इनमें श्री राम लक्ष्मण तिवारी जैसे समर्पित साथी भी थे, जिनके साथ उन्होंने विभिन्न क्षेत्रों में जनजागरण और संगठनात्मक कार्यों में भाग लिया। इन संपर्कों ने उनके सामने एक नया संसार खोल दिया; अब स्वतंत्रता आंदोलन उनके लिए समाचारों और भाषणों का विषय नहीं, उनके जीवन का सक्रिय हिस्सा बनता जा रहा था।

उन्होंने गाँव-गाँव की यात्राएँ कीं, लोगों से संवाद किया और कांग्रेस के कार्यक्रमों का प्रचार किया। उस समय यह कार्य सरल नहीं था — न संचार के आधुनिक साधन थे, न परिवहन की सुविधा। अनेक बार लंबी दूरी पैदल तय करनी पड़ती और छोटी-छोटी सभाओं में लोगों को यह समझाना पड़ता कि स्वतंत्रता केवल नेताओं का विषय नहीं, प्रत्येक भारतीय का प्रश्न है। इस कार्य ने उन्हें भारत को पुस्तकों से नहीं, लोगों के बीच जाकर समझने का अवसर दिया। उन्होंने किसानों की समस्याएँ देखीं, ग्रामीण समाज की कठिनाइयों को निकट से जाना और यह अनुभव किया कि राजनीतिक स्वतंत्रता का प्रश्न सामाजिक और आर्थिक प्रश्नों से अलग नहीं है। आगे चलकर

उनकी संसदीय सोच में जो व्यापकता दिखाई देती है, उसके बीज संभवतः इन्हीं वर्षों में पड़े थे।

धीरे-धीरे उनकी भूमिका बढ़ती गई। जब वरिष्ठ नेता और कार्यकर्ता गिरफ्तार किए जाने लगे, तब संगठनात्मक जिम्मेदारियाँ युवा कंधों पर आने लगीं। बैठकों का संचालन, कार्यकर्ताओं के बीच समन्वय, संदेशों का आदान-प्रदान और स्थानीय स्तर पर गतिविधियों को जीवित बनाए रखना — इन सब कार्यों में उनकी भागीदारी बढ़ती गई। स्वतंत्रता आंदोलन ने उन्हें केवल संघर्ष करना नहीं सिखाया; उसने उन्हें संगठन चलाना भी सिखाया। अनेक लोग आंदोलनों में भाग लेते हैं, पर कठिन परिस्थितियों में संगठन को जीवित रख पाने वाले कम होते हैं। आगे चलकर सार्वजनिक जीवन और संसद में जो संगठन-क्षमता उनमें दिखाई देती है, उसकी पहली झलक इन्हीं वर्षों में मिलती है।

उनके लिए यह कोई क्षणिक उत्साह नहीं था, बल्कि एक गहराता हुआ संकल्प था। वे किसी आंदोलन की भीड़ का हिस्सा भर नहीं बनना चाहते थे; वे उसके उद्देश्य को समझना और उसे आगे बढ़ाना चाहते थे। यही कारण था कि उनकी सक्रियता समय के साथ घटने के बजाय बढ़ती गई। अब स्थानीय प्रशासन भी उन्हें एक साधारण छात्र के रूप में नहीं देख रहा था; उनकी गतिविधियाँ, उनके संपर्क और उनकी संगठनात्मक भूमिका धीरे-धीरे शासन की निगाह में आने लगी थीं। संघर्ष और सत्ता के बीच टकराव अब दूर नहीं था। युवा तारकेश्वर पांडे ने अपना मार्ग चुन लिया था, और इतिहास की अगली परीक्षा उनकी प्रतीक्षा कर रही थी।

अध्याय 3
काशी विद्यापीठ : संस्कारभूमि

जेल से काशी

सन् 1931 तारकेश्वर पांडे के जीवन में एक नया मोड़ लेकर आया। कुछ ही समय पहले वे स्वतंत्रता आंदोलन में सक्रिय भागीदारी के कारण ब्रिटिश शासन की जेल में एक राजनीतिक बंदी के रूप में बंद रहे थे। सन् 1930 की उस पहली गिरफ्तारी और उसके बाद के लंबे संघर्ष की पूरी कथा हम आगे देखेंगे; यहाँ हमारा ध्यान उस मोड़ पर है जब जेल से लौटकर उन्होंने अपने जीवन की दिशा तय की। युवा आयु में जेल का अनुभव किसी भी व्यक्ति को बदल सकता है। अनेक लोग ऐसी परिस्थितियों से भयभीत होकर सार्वजनिक जीवन से दूर हो जाते हैं, कुछ समझौते का मार्ग चुन लेते हैं। पर तारकेश्वर पांडे के लिए यह अनुभव उनके संकल्प को कमजोर करने के बजाय और अधिक दृढ़ बनाने वाला सिद्ध हुआ।

लखनऊ जेल से रिहा होने के बाद उनके सामने एक स्वाभाविक विकल्प था। वे अपने गाँव लौट सकते थे, परिवार के साथ अपेक्षाकृत स्थिर और सुरक्षित जीवन की ओर बढ़ सकते थे। परिवार पहले ही अनेक कठिनाइयाँ झेल चुका था, और कोई भी व्यक्ति ऐसी स्थिति में सुरक्षा का मार्ग चुन सकता था। पर तारकेश्वर पांडे ने एक बार फिर वही मार्ग चुना जो कठिन था, परंतु उनके स्वभाव और विश्वासों के अधिक निकट था। उन्होंने काशी का रुख किया।

उस समय काशी केवल धार्मिक और सांस्कृतिक नगरी नहीं थी; वह राष्ट्रीय जागरण का भी एक महत्वपूर्ण केंद्र थी। स्वतंत्रता आंदोलन के अनेक प्रमुख नेता, शिक्षाविद् और चिंतक किसी न किसी रूप में काशी से जुड़े हुए थे। देशभर से युवा वहाँ केवल शिक्षा प्राप्त करने नहीं, बल्कि राष्ट्र और समाज के प्रति अपने दायित्व को समझने भी

आते थे। काशी की गलियों में परंपरा के साथ-साथ स्वराज, सामाजिक परिवर्तन और राष्ट्रीय पुनर्निर्माण की चर्चाएँ भी उतनी ही जीवंत थीं। इसी वातावरण में जुलाई 1931 में पांडे जी ने काशी विद्यापीठ में प्रवेश लिया। यह केवल शिक्षा प्राप्त करने का निर्णय नहीं था; यह अपने संघर्ष को एक वैचारिक आधार देने का निर्णय था। जेल ने उन्हें त्याग और साहस का पाठ पढ़ाया था, पर वे जानते थे कि राष्ट्रनिर्माण केवल साहस से नहीं होता — उसके लिए विचार चाहिए, दृष्टि चाहिए और समाज को समझने की क्षमता चाहिए।

एक विश्वविद्यालय नहीं, एक राष्ट्रीय संकल्प

आज के पाठक के लिए काशी विद्यापीठ को एक शिक्षण संस्थान के रूप में देख लेना सहज है, पर जिस समय पांडे जी वहाँ पहुँचे, उसका अर्थ इससे कहीं अधिक था। वह स्वतंत्रता आंदोलन की एक जीवंत प्रयोगशाला थी — एक ऐसी संस्था जिसका जन्म ही राष्ट्रीय स्वाभिमान, आत्मनिर्भरता और शिक्षा के भारतीय दृष्टिकोण को स्थापित करने के उद्देश्य से हुआ था।

बीसवीं शताब्दी के आरंभिक दशकों में भारत का शिक्षित वर्ग एक विचित्र द्वंद्व से गुजर रहा था। एक ओर अंग्रेजी शासन द्वारा स्थापित विश्वविद्यालय थे जो आधुनिक शिक्षा देते थे; दूसरी ओर यह भावना भी प्रबल हो रही थी कि शिक्षा केवल ज्ञान प्राप्त करने का नहीं, राष्ट्रीय चरित्र-निर्माण का भी साधन होनी चाहिए। गांधीजी के असहयोग आंदोलन ने इस विचार को बल दिया; अनेक युवकों ने सरकारी संस्थानों का बहिष्कार किया और राष्ट्रीय शिक्षा-संस्थानों की ओर रुख किया। काशी विद्यापीठ इसी राष्ट्रीय चेतना की उपज था। यहाँ विद्यार्थियों को समझाया जाता था कि वे केवल अपने परिवार के सदस्य नहीं, राष्ट्र के नागरिक भी हैं। पाठ्यक्रम के साथ-साथ स्वदेशी, राष्ट्रभाषा, सार्वजनिक जीवन और सामाजिक उत्तरदायित्व भी शिक्षा का अंग थे।

विद्यापीठ की एक और विशेषता उसकी दूरदर्शिता थी। उन दिनों गांधीजी का मत था कि हाईस्कूल के बाद की उच्च शिक्षा सीमित रखी जानी चाहिए, और इसी कारण बिहार विद्यापीठ तथा गुजरात विद्यापीठ में उच्च शिक्षा के कुछ कार्यक्रम बंद कर दिए गए थे। किंतु काशी विद्यापीठ के संस्थापक बाबू शिवप्रसाद गुप्त इस विचार से पूर्णतः सहमत नहीं थे। उनका विश्वास था कि स्वतंत्र भारत के निर्माण के लिए उच्च-शिक्षित राष्ट्रीय नेतृत्व की आवश्यकता होगी। इसके चलते यहाँ उच्च शिक्षा का कार्य निरंतर चलता रहा — एक ऐसा निर्णय जो आगे चलकर अनेक राष्ट्रीय कार्यकर्ताओं और नेताओं के निर्माण का आधार बना। पांडे जी के अनुसार, जब उन्होंने 1931 में प्रवेश लिया तब प्रथम वर्ष में लगभग पैंतीस छात्र थे। संख्या छोटी थी, पर उद्देश्य विशाल था; इनमें से अधिकांश किसी न किसी रूप में राष्ट्रीय आंदोलन से जुड़े हुए थे।

विद्यापीठ का अनुशासन और उसकी सादगी उसकी विशिष्ट पहचान थी। वरिष्ठों और शिक्षकों के प्रति सम्मान को अत्यधिक महत्व दिया जाता था; पांडे जी के अनुसार यदि कोई वरिष्ठ छात्र किसी छात्रावास-कक्ष में प्रवेश करता, तो विद्यार्थी सम्मानवश खड़े हो जाते थे। खादी केवल वस्त्र नहीं, राष्ट्रीय स्वाभिमान का प्रतीक थी, और अध्यापक, छात्र तथा कर्मचारी सभी खादी पहनते थे। पांडे जी ने स्मरण किया है कि उनके छात्र-जीवन में धूम्रपान जैसी आदतें विद्यार्थियों में लगभग दिखाई नहीं देती थीं, और चोरी या उद्दंडता जैसी घटनाएँ सुनने में नहीं आती थीं। यह किसी कठोर नियंत्रण का परिणाम नहीं था, बल्कि उस साझा उद्देश्य की भावना का परिणाम था जिसके साथ विद्यार्थी वहाँ आते थे।

इस वातावरण को जीवंत बनाने वाले व्यक्तित्व भी असाधारण थे। बाबू शिवप्रसाद गुप्त जैसे संस्थापक और आचार्य नरेंद्र देव जैसे शिक्षक विद्यार्थियों के लिए केवल नाम नहीं, जीवंत प्रेरणा थे। पांडे

जी ने अपने संस्मरणों में एक घटना का उल्लेख किया है जिसने उनके मन पर गहरी छाप छोड़ी —

> "एक बात मुझे स्मरण है कि प्रारम्भ में जब मैं विद्यापीठ में आया तो बाहर चौकी पर सोया। हमारे समीप की चौकी पर एक सज्जन और सोये थे जो रात भर खाँसते रहे। फलस्वरूप मुझे भी नींद नहीं आयी। मुझे उन सज्जन पर बहुत क्रोध आया। सुबह उनको चारों तरफ अध्यापक और छात्र घेरे हुए थे। बाद में मालूम हुआ कि ये सज्जन ही आचार्य नरेन्द्र देव जी हैं। वे रात को आये। उनका बंगला समीप ही था। वे बंगले में इसलिए नहीं गये कि नौकरों तथा परिवार के सदस्यों को जगाना पड़ेगा और उन्हें कष्ट होगा।"

यह प्रसंग साधारण प्रतीत हो सकता है, पर वास्तव में यह उस नैतिक संस्कृति का परिचायक है जिसने स्वतंत्रता आंदोलन के अनेक नेताओं को गढ़ा। एक राष्ट्रीय नेता, जिनके लिए समीप ही अलग आवास उपलब्ध था, केवल इस कारण बाहर एक साधारण चौकी पर रात बिता देते हैं कि किसी और की नींद में बाधा न पड़े। युवा तारकेश्वर के लिए यह केवल एक घटना नहीं थी; यह सार्वजनिक जीवन के उस आदर्श का प्रत्यक्ष पाठ था जिसमें पद से अधिक महत्व संवेदनशीलता और आत्मसंयम का होता है। यही वह संस्कार था जिसे विद्यापीठ अपने विद्यार्थियों में रोप रहा था, और जिसकी झलक आगे चलकर स्वयं पांडे जी के सार्वजनिक आचरण में बार-बार दिखाई देती है।

संघर्ष और अध्ययन के बीच

काशी विद्यापीठ में बिताए वर्ष पांडे जी के जीवन के सबसे महत्वपूर्ण वर्षों में से थे, और इसका एक कारण यह भी था कि इसी काल में उनके व्यक्तित्व के कई आयाम एक साथ विकसित हुए। वे विद्यार्थी

भी थे और स्वतंत्रता सेनानी भी; अध्ययनरत युवक भी और सार्वजनिक जीवन के उभरते कार्यकर्ता भी। सामान्य परिस्थितियों में किसी विद्यार्थी का जीवन अपेक्षाकृत सीधा होता है, पर उनकी पीढ़ी को यह अवसर नहीं मिला। उनके सामने एक ऐसा राष्ट्र था जो स्वतंत्रता के लिए संघर्ष कर रहा था; इसलिए उनके लिए शिक्षा और आंदोलन दो अलग रास्ते नहीं थे।

जब आंदोलन तीव्र होता, तब विद्यार्थी केवल दर्शक बनकर नहीं बैठते थे, और इन्हीं वर्षों में उन्हें बार-बार जेल भी जाना पड़ा। इसके चलते अनेक बार उनकी पढ़ाई बाधित हुई, योजनाएँ बदलीं और भविष्य अनिश्चित हुआ। पर इन सबके बावजूद उन्होंने अध्ययन को कभी नहीं छोड़ा। वे समझते थे कि स्वतंत्रता केवल राजनीतिक संघर्ष से प्राप्त नहीं होगी; स्वतंत्र भारत को शिक्षित, विचारशील और उत्तरदायी नागरिकों की भी आवश्यकता होगी।

इन्हीं वर्षों में उनका संपर्क अनेक राष्ट्रीय कार्यकर्ताओं और कांग्रेस नेताओं से निरंतर बना रहा। विद्यापीठ स्वयं राष्ट्रीय जीवन का केंद्र था; यहाँ आने-जाने वाले केवल शिक्षक या विद्यार्थी नहीं, स्वतंत्रता संघर्ष की जीवित परंपरा के वाहक थे। इस वातावरण ने उन्हें केवल आंदोलन में भाग लेना नहीं, बल्कि संगठन, संवाद, नेतृत्व और सार्वजनिक उत्तरदायित्व का महत्व भी सिखाया, और धीरे-धीरे उनके भीतर एक उत्साही कार्यकर्ता से आगे बढ़कर एक संगठनकर्ता का विकास होने लगा। इसके साथ ही विद्यापीठ ने उन्हें कुछ और भी दिया — विचार करने की कला। वहाँ का वातावरण प्रश्न पूछने, पढ़ने, बहस करने और समाज को व्यापक दृष्टि से देखने के लिए प्रेरित करता था। यही कारण है कि आगे चलकर उनकी जेल डायरी केवल राजनीतिक टिप्पणियों का संग्रह नहीं बनती; उसमें मनुष्य, समाज, नेतृत्व, नैतिकता और इतिहास पर जो गहन चिंतन दिखाई देता है, उसकी बौद्धिक जड़ें इन्हीं वर्षों में खोजी जा सकती हैं।

लगातार व्यवधानों के बीच भी उन्होंने अपनी शिक्षा-यात्रा आगे बढ़ाई। उन्होंने विशारद की उपाधि प्राप्त की और बाद में शास्त्री की शिक्षा भी पूर्ण की। यह केवल शैक्षणिक सफलता नहीं थी; यह उस दृढ़ता का प्रमाण थी जिसके बल पर उन्होंने जेल, आंदोलन, संगठनात्मक जिम्मेदारियों और अध्ययन को एक साथ साधा। सन् 1937 के आसपास जब उनकी शैक्षणिक यात्रा का यह चरण पूर्ण हुआ, तब वे वह युवक नहीं थे जो कुछ वर्ष पहले जेल से निकलकर काशी आया था। अब उनके भीतर संघर्ष का अनुभव था, अध्ययन की गहराई थी, संगठन का अभ्यास था और राष्ट्र के प्रति स्पष्ट प्रतिबद्धता थी।

विद्यापीठ के प्रति उनकी श्रद्धा जीवन भर बनी रही। यह श्रद्धा किसी उपाधि के कारण नहीं, बल्कि उस संस्कार के प्रति थी जो उन्हें वहाँ मिला। वर्षों बाद, स्वतंत्र भारत की राज्यसभा में काशी हिन्दू विश्वविद्यालय पर बहस करते हुए भी वे सहज ही कह उठते हैं — "मैं भी काशी का विद्यार्थी हूँ, विद्यापीठ का हूँ।" यह आत्म-परिचय बताता है कि जीवन के अंतिम दशकों तक उनकी पहचान का एक स्थायी हिस्सा यही विद्यापीठ बना रहा। जेल ने उन्हें संघर्ष का अर्थ सिखाया था; काशी विद्यापीठ ने उन्हें उस संघर्ष का उद्देश्य सिखाया। यहीं एक युवा सत्याग्रही धीरे-धीरे एक चिंतक में परिवर्तित होने लगा — वही चिंतक जिसकी आवाज़ हमें आगे उसकी जेल डायरी के प्रत्येक पृष्ठ पर सुनाई देती है।

अध्याय 4
कारावास, क्रांति और संघर्ष : स्वतंत्रता को समर्पित सोलह वर्ष (1930–1946)

सन् 1930 से 1946 तक का कालखंड पंडित तारकेश्वर पांडे के जीवन का सबसे कठिन, सबसे संघर्षपूर्ण और साथ ही सबसे गौरवपूर्ण काल था। यह केवल जेल-यात्राओं का इतिहास नहीं है; यह उस पीढ़ी की कथा है जिसने स्वतंत्रता को राजनीतिक लक्ष्य नहीं, बल्कि अपने जीवन का धर्म समझा। यही वह समय था जब एक युवा छात्र — जिसने कम आयु में पिता को खोया था, गरीबी और अभाव को निकट से देखा था — बार-बार जेल गया, यातनाएँ सहीं, भूख-हड़ताल की, क्रांतिकारियों की सहायता की, भूमिगत गतिविधियों में भाग लिया, और फिर भी अपने मार्ग से विचलित नहीं हुआ। उल्लेखनीय है कि जिस जेल-जीवन की कथा यह अध्याय कहता है, उसी की कोठरियों में, 1941 से 1944 के बीच, वे डायरी के वे पन्ने भी लिख रहे थे जिनसे इस पुस्तक का आरम्भ हुआ — संघर्ष और चिंतन उनके भीतर साथ-साथ चल रहे थे।

उपलब्ध अभिलेखों और परिवार की स्मृति से स्पष्ट है कि पांडे जी केवल कांग्रेस के एक कार्यकर्ता नहीं थे। वे उन विरले लोगों में थे जो एक ओर गांधीवादी आंदोलनों में सक्रिय थे, तो दूसरी ओर क्रांतिकारियों की सहायता को भी अपना राष्ट्रीय दायित्व मानते थे। उनके अपने शब्दों में, वे "तन-मन से नरम दल में और धन से गरम दल में" थे। इन सोलह वर्षों में उन्होंने अपने जीवन की पाँच होलियाँ और पाँच दीपावलियाँ जेल की दीवारों के भीतर बिताईं — यह तथ्य ही उस पीड़ा का अनुमान लगाने के लिए पर्याप्त है जो उन्होंने और उनके परिवार ने झेली होगी।

पहली गिरफ्तारी और संघर्ष का प्रारंभ (1930)

सन् 1930 उनके जीवन का निर्णायक वर्ष सिद्ध हुआ। देशभर में गांधीजी के नेतृत्व में सविनय अवज्ञा आंदोलन चल रहा था, और हजारों युवा अपने व्यक्तिगत भविष्य को पीछे छोड़कर राष्ट्रीय संघर्ष में कूद रहे थे। बलिया का वातावरण भी इससे अछूता नहीं था। पारिवारिक परिस्थितियाँ पहले से ही कठिन थीं, पर उनके भीतर देश की दासता का प्रश्न व्यक्तिगत चिंताओं से कहीं बड़ा बन चुका था।

इसी काल में उन्होंने बलिया जनपद में कांग्रेस संगठन के कार्यों में सक्रिय भूमिका निभानी आरम्भ की। गाँव-गाँव जाकर लोगों को जागृत करना, सभाएँ आयोजित करना और युवाओं को आंदोलन से जोड़ना उनके दैनिक कार्यों का हिस्सा बन गया। जब अनेक वरिष्ठ कार्यकर्ता गिरफ्तार किए जाने लगे और कांग्रेस के कार्यालय लगभग निष्क्रिय हो गए, तब उन्होंने संगठन के संचालन की जिम्मेदारी अपने हाथों में ले ली और शीघ्र ही स्थानीय कांग्रेस गतिविधियों के प्रमुख संचालकों में गिने जाने लगे।

नवम्बर 1930 में सरकारी दमन तीव्र हो रहा था। बलिया में व्यापक विरोध और हड़ताल के बीच, 29 नवम्बर 1930 को उन्हें गिरफ्तार कर लिया गया। उस समय उनकी आयु लगभग बीस वर्ष थी। अंग्रेजी प्रशासन ने उन्हें साधारण छात्र नहीं, बल्कि आंदोलन का सक्रिय संचालक माना; उन पर मुकदमा चला और तीन माह के कठोर कारावास तथा पचास रुपये के जुर्माने की सजा सुनाई गई। आज पचास रुपये की राशि मामूली लग सकती है, पर उस समय एक सामान्य ग्रामीण परिवार के लिए यह बड़ी रकम थी; सजा का उद्देश्य केवल दंड देना नहीं, आर्थिक और मानसिक दबाव डालना भी था।

सजा के बाद उन्हें बलिया जिला जेल से लखनऊ कारागार भेज दिया गया। यह उनके जीवन की पहली बड़ी जेल-यात्रा थी। गांधी-इरविन समझौते के बाद अनेक राजनीतिक बंदियों की भाँति उन्हें भी रिहा कर दिया गया, किन्तु यह रिहाई संघर्ष का अंत नहीं, बल्कि उस लंबे कारावास-जीवन की शुरुआत थी जो अगले सोलह वर्षों तक विभिन्न रूपों में उनके साथ जुड़ा रहा। अंग्रेजी सरकार को आशा थी कि

कारावास उन्हें भयभीत कर देगा, पर हुआ इसका ठीक उलटा — पहली गिरफ्तारी ने उन्हें आंदोलन से दूर करने के बजाय स्वतंत्रता के संघर्ष में और गहराई से स्थापित कर दिया।

बार-बार जेल, अटूट संकल्प (1932–1940)

पहली रिहाई के बाद वे उसी ऊर्जा के साथ आंदोलन में लौट आए। अंग्रेजी शासन की दृष्टि में अब वे एक सामान्य छात्र नहीं, बल्कि ऐसे कार्यकर्ता थे जो स्थानीय स्तर पर संगठन खड़ा कर सकते थे और दमन से भयभीत नहीं होते थे। जितनी निगरानी बढ़ी, उतना ही उनका संकल्प दृढ़ होता गया।

सन् 1932 में कांग्रेस आंदोलन के नए चरण के साथ वे फिर मैदान में उतरे, और 8 फरवरी 1932 को उन्हें पुनः गिरफ्तार कर लिया गया। इस बार सरकार का रवैया अधिक कठोर था — छह महीने का कारावास और एक सौ रुपये का जुर्माना। उन्हें बलिया से स्थानांतरित कर गाजीपुर जेल भेजा गया; यह केवल स्थान-परिवर्तन नहीं था, बल्कि राजनीतिक बंदियों को उनके स्थानीय सामाजिक आधार से दूर रखने की सोची-समझी नीति थी। सरकार जानती थी कि ऐसे कार्यकर्ताओं की शक्ति केवल उनके व्यक्तिगत साहस में नहीं, बल्कि जनता से उनके जीवंत संबंधों में निहित है।

सन् 1933 में कलकत्ता में कांग्रेस का अधिवेशन होने वाला था, जिसकी अध्यक्षता पंडित मदन मोहन मालवीय करने वाले थे। पांडे जी बलिया जिले के प्रतिनिधि के रूप में भेजे गए, किन्तु अनेक नेताओं और कार्यकर्ताओं की भाँति उन्हें भी अधिवेशन तक पहुँचने से पहले गिरफ्तार कर लिया गया और कुछ समय बाद रिहा किया गया। सन् 1939 में, द्वितीय विश्वयुद्ध के आरम्भ के साथ, ब्रिटिश सरकार किसी भी राजनीतिक असंतोष को कठोरता से दबाने लगी थी; इसी वातावरण में देशभक्ति से ओतप्रोत भाषण देने के आरोप में उन्हें एक वर्ष के कठोर कारावास की सजा दी गई। यह सजा किसी हिंसक गतिविधि के लिए नहीं, केवल उनके शब्दों के लिए थी — अंग्रेजी

शासन के लिए राष्ट्रभक्ति का सार्वजनिक प्रदर्शन भी एक अपराध था।

इन वर्षों की विशेषता केवल बार-बार की गिरफ्तारियाँ नहीं थीं; विशेषता यह थी कि प्रत्येक गिरफ्तारी के बाद उनका प्रभाव घटने के बजाय बढ़ता गया। वे जेल को संघर्ष का अंत नहीं, उसका विस्तार मानते थे — बाहर सभाओं और आंदोलनों के माध्यम से, और भीतर आत्मानुशासन तथा अध्ययन के माध्यम से, वे उसी उद्देश्य को साधते रहे।

क्रांतिकारियों का साथी : कांग्रेस और क्रांति के बीच एक सेतु

पांडे जी के व्यक्तित्व का एक ऐसा पक्ष भी है जिस पर कम चर्चा हुई है पर जो उन्हें समझने के लिए महत्वपूर्ण है। स्वतंत्रता-संग्राम के इतिहास में कांग्रेस कार्यकर्ताओं और क्रांतिकारियों को प्रायः दो अलग धाराओं के रूप में देखा जाता है — एक ओर सत्याग्रह और अहिंसक प्रतिरोध, दूसरी ओर गुप्त संगठन और सशस्त्र क्रांति। पांडे जी का जीवन इन दोनों धाराओं के बीच एक सेतु की तरह था। वे मूलतः कांग्रेस के कार्यकर्ता थे, पर उन क्रांतिकारी युवकों के प्रति भी उनके मन में गहरा सम्मान था जो अपने प्राणों को जोखिम में डालकर अंग्रेजी शासन को चुनौती दे रहे थे। उनकी दृष्टि में स्वतंत्रता का संघर्ष किसी एक संगठन की निजी संपत्ति नहीं था; जो भी ईमानदारी से राष्ट्र के लिए लड़ रहा था, वह सम्मान और सहयोग का पात्र था।

यही कारण है कि वे अनेक क्रांतिकारियों के मुकदमों में सहायता करते जहाँ आवश्यक होता वहाँ आर्थिक सहयोग जुटाते और कानूनी व्यवस्था कराते — कई बार ऐसे लोगों के लिए भी जिनसे उनका कोई व्यक्तिगत संबंध नहीं था। अंग्रेजी शासन के लिए क्रांतिकारियों की सहायता करना स्वयं संदेह के घेरे में आने जैसा था, पर उन्होंने यह जोखिम स्वीकार किया, क्योंकि उनके लिए यह राजनीतिक सहानुभूति नहीं, नैतिक कर्तव्य का प्रश्न था।

इसी काल में उन्होंने बलिया के हल्दी क्षेत्र में श्री गांधी आश्रम की स्थापना और संचालन में महत्वपूर्ण भूमिका निभाई। यह आश्रम केवल रचनात्मक कार्यक्रमों का केंद्र नहीं था; उपलब्ध विवरणों से संकेत मिलता है कि यह राष्ट्रीय गतिविधियों का भी एक केंद्र था, जहाँ से राजनीतिक बंदियों और राष्ट्रवादी कार्यकर्ताओं की सहायता के लिए धन एकत्र किया जाता, संपर्क बनाए जाते और आवश्यकता पड़ने पर सहयोग पहुँचाया जाता था। पांडे जी का विश्वास था कि स्वतंत्रता केवल राजनीतिक प्रस्तावों से नहीं, बल्कि समाज के भीतर राष्ट्रीय चेतना को जीवित रखने से आएगी — इसलिए उन्होंने संगठन-निर्माण और रचनात्मक कार्यों को आंदोलनों जितना ही महत्व दिया। वे केवल विरोध करना नहीं जानते थे; वे निर्माण करना भी जानते थे।

उन्होंने पत्रकारिता को भी राष्ट्रीय संघर्ष का एक हथियार माना। इसी उद्देश्य से उन्होंने "बोल दे धावा" नामक पत्र का संपादन किया। नाम ही अपने आप में एक पुकार था, एक आह्वान। उस दौर में राष्ट्रवादी पत्रकारिता सरल कार्य नहीं थी; जो भी पत्र राष्ट्रीय चेतना को प्रोत्साहित करता या सरकारी नीतियों की आलोचना करता, वह प्रशासन की निगरानी में आ जाता। विशेष बात यह थी कि सरकारी दबाव से बचने के लिए इस पत्र का प्रकाशन-स्थल बदलता रहता था — यह तथ्य ही बताता है कि अंग्रेजी प्रशासन इसे कितनी गंभीरता से लेता था। राष्ट्रीय आंदोलन के दिनों में ऐसे पत्र जनता को यह विश्वास दिलाते थे कि उनका संघर्ष अकेला नहीं है। बलिया–वाराणसी प्रकरण और उससे जुड़ी सरकारी कार्रवाई के बाद परिस्थितियाँ जटिल हो गईं, और अंततः इसका प्रकाशन बंद करना पड़ा; पर उसका महत्व उसके जीवनकाल से कहीं अधिक था — उसने सिद्ध किया कि एक जागृत विचार अंततः अपना मार्ग खोज ही लेता है।

बलिया–वाराणसी षड्यंत्र प्रकरण : जब राष्ट्रसेवा अपराध बन गई

यह वह समय था जब स्वतंत्रता आंदोलन की अनेक धाराएँ समानांतर सक्रिय थीं, और अंग्रेजी प्रशासन इन गतिविधियों को साम्राज्य की स्थिरता के लिए सीधी चुनौती मानता था। उपलब्ध विवरणों के

अनुसार, इसी दौरान बलिया और वाराणसी क्षेत्र से जुड़े एक महत्वपूर्ण मामले में कई क्रांतिकारी कार्यकर्ता गिरफ्तार किए गए। जाँच के दौरान पुलिस के हाथ एक सांकेतिक डायरी लगी; आरम्भ में अधिकारी उसकी कूट-भाषा समझ नहीं सके, पर बाद में अर्थ स्पष्ट होने पर विभिन्न क्षेत्रों में सक्रिय राष्ट्रवादी संपर्कों की जानकारी मिलने लगी, और व्यापक स्तर पर गिरफ्तारियाँ हुईं।

ऐसे समय में अधिकांश लोग स्वयं को विवाद से दूर रखने का प्रयास करते, क्योंकि ऐसे मुकदमों में किसी भी प्रकार की सहायता देना स्वयं संदेह के घेरे में आ जाने के समान था। पर पांडे जी ने अलग मार्ग चुना। उपलब्ध स्रोतों में विशेष रूप से देशराज नामक एक क्रांतिकारी का उल्लेख मिलता है, जिसके मुकदमे में उन्होंने सक्रिय रुचि ली और लगभग चार सौ रुपये की राशि जुटाई ताकि जमानत और मुकदमे से संबंधित कार्य पूरे किए जा सकें। उस समय चार सौ रुपये अत्यंत बड़ी रकम थी — विशेषकर उस व्यक्ति के लिए जिसने स्वयं अभावों में जीवन बिताया हो। उनके लिए यह प्रश्न गौण था कि कोई कांग्रेस का कार्यकर्ता है या किसी क्रांतिकारी संगठन का सदस्य; मूल प्रश्न यही था कि क्या वह भारत की स्वतंत्रता के लिए संघर्ष कर रहा है।

जेल के भीतर तिरंगा : एक अदम्य प्रतिरोध

पांडे जी के संघर्ष का सबसे प्रेरक पक्ष यह था कि उनके लिए देशभक्ति परिस्थितियों पर निर्भर नहीं थी। स्वतंत्रता उनके लिए केवल सार्वजनिक सभाओं का विषय नहीं, बल्कि ऐसा विश्वास थी जो जेल की ऊँची दीवारों और कठोर दंड के बीच भी जीवित रहता था। इसका सबसे प्रभावशाली उदाहरण वह घटना है जब उन्होंने कारागार के भीतर तिरंगा फहराने का साहस किया।

उस समय जेलों में राष्ट्रवादी प्रतीकों, नारों और झंडों को विद्रोह का प्रतीक माना जाता था, और प्रशासन का उद्देश्य केवल कैदियों को बंद रखना नहीं, उनके आत्मबल को भी तोड़ना था। 1930 में पूर्ण स्वराज के संकल्प के बाद 26 जनवरी स्वतंत्रता-दिवस के रूप में मनाया जाता था, और देश के अनेक भागों में लोग इस दिन तिरंगा फहराकर प्रतिरोध

व्यक्त करते थे। जेल में बंद होने पर भी पांडे जी के मन में यह भावना उतनी ही प्रबल थी। उन्होंने तैयार झंडा प्राप्त करने का प्रयास किया, पर जब यह संभव नहीं हुआ, तो उन्होंने स्वयं समाधान खोजा — विभिन्न रंगों के तीन कपड़ों को जोड़कर तिरंगे का स्वरूप तैयार किया, और जेल-परिसर के भीतर ही उसे फहरा दिया।

यह घटना प्रशासन के लिए अप्रत्याशित थी और जेल अधिकारियों के लिए यह अनुशासनहीनता नहीं, विद्रोह थी। उन्हें कठोर दंड दिया गया — शारीरिक यातना सहनी पड़ी, और चार जंजीरों में बाँधकर लंबे समय तक खड़े रहने की सजा दी गई। एक युवा सेनानी, जो पहले से कारावास की पीड़ा झेल रहा था, अब अतिरिक्त दंड का सामना कर रहा था; पर उसके भीतर यह संतोष था कि उसने स्वतंत्र भारत के प्रतीक को अपमानित नहीं होने दिया। अंग्रेजी शासन उसके शरीर को दंडित कर सकता था, उसके विश्वास को नहीं। इस घटना का एक और पक्ष था — उन्होंने अन्याय के विरोध में उपवास भी किया, और अंततः स्थिति ऐसी बनी कि जेलर को उनसे मौखिक रूप से क्षमा-याचना करनी पड़ी, तभी उन्होंने उपवास समाप्त किया। यह व्यक्तिगत विजय नहीं, नैतिक साहस की विजय थी। जेल के भीतर फहराया गया वह तिरंगा शायद किसी समाचारपत्र की सुर्खी नहीं बना, पर वह उस अदम्य राष्ट्रीय भावना का प्रतीक था जिसने अंततः ब्रिटिश साम्राज्य को झुकने पर विवश कर दिया।

पाँच होलियाँ, पाँच दीपावलियाँ

स्वतंत्रता-संग्राम के इतिहास में जेल-यात्राओं का उल्लेख अक्सर कुछ पंक्तियों में कर दिया जाता है — कि अमुक व्यक्ति कई बार गिरफ्तार हुआ, इतने वर्ष जेल में रहा, और फिर रिहा हो गया। पर इन संक्षिप्त वाक्यों के पीछे जो मानवीय पीड़ा और त्याग छिपा होता है, उसका अनुमान सरल नहीं। पांडे जी के जीवनवृत्त का एक उल्लेख अपने आप में बहुत कुछ कह देता है — कि उन्हें अपने जीवन की पाँच होलियाँ और पाँच दीपावलियाँ फतेहपुर सेन्ट्रल जेल में बितानी पड़ीं।

भारतीय जीवन में होली और दीपावली केवल त्योहार नहीं, परिवार और अपनत्व के प्रतीक हैं। कल्पना कीजिए कि कोई व्यक्ति अपने जीवन की एक नहीं, पाँच होलियाँ और पाँच दीपावलियाँ जेल की दीवारों के भीतर बिताए — जब बाहर पूरे देश में दीप जल रहे हों और गाँवों में होली के गीत गूँज रहे हों, तब वह कारागार की दिनचर्या का पालन कर रहा हो, अपने बच्चों से सैकड़ों मील दूर। यही स्वतंत्रता-संग्राम का वह पक्ष है जो प्रायः इतिहास की पुस्तकों में दिखाई नहीं देता। पांडे जी ने केवल अपनी स्वतंत्रता का त्याग नहीं किया था; उनके परिवार ने भी उस संघर्ष की कीमत चुकाई थी — वही माता, जिन्होंने पहले से जीवन में अनेक कठिनाइयाँ देखी थीं, अब बार-बार अपने पुत्र को जेल जाते देख रही थीं।

कारावास केवल शारीरिक बंधन नहीं होता; वह मनुष्य की मानसिक शक्ति की भी परीक्षा लेता है। पर पांडे जी जैसे लोगों ने जेल को केवल दंड के रूप में स्वीकार नहीं किया — उन्होंने उसे संघर्ष का एक और मोर्चा बना दिया। वहीं उन्होंने देश के विभिन्न भागों से आए सेनानियों को निकट से देखा, त्याग और धैर्य के अनेक उदाहरणों का अनुभव किया, और राष्ट्र, समाज तथा स्वतंत्रता के प्रश्नों पर चिंतन करते रहे। यही कारण है कि बार-बार जेल जाने पर भी उनके भीतर कटुता नहीं आई; उनके लेखन में प्रतिशोध की भावना नहीं, बल्कि मनुष्य और समाज को समझने का प्रयास दिखाई देता है। कारागार ने उनके शरीर को कष्ट दिया, पर उनके विचारों को और परिपक्व बनाया — और इसीलिए पाँच होलियों और पाँच दीपावलियों का यह उल्लेख केवल एक तथ्य नहीं, उस पीढ़ी के त्याग का प्रतीक बन जाता है जिसने अपने व्यक्तिगत सुखों को राष्ट्र की स्वतंत्रता के लिए स्वेच्छा से समर्पित कर दिया।

भारत छोड़ो आंदोलन और अंतिम कारावास (1942–1946)

यदि सविनय अवज्ञा आंदोलन ने पांडे जी को एक संघर्षशील कार्यकर्ता के रूप में गढ़ा था, तो 1942 का भारत छोड़ो आंदोलन उनके जीवन की सबसे कठिन परीक्षा सिद्ध हुआ। अगस्त 1942 में जब

गांधीजी ने "करो या मरो" का आह्वान किया, तब पूरे देश में अभूतपूर्व उथल-पुथल मच गई। सरकार ने आंदोलन प्रारम्भ होते ही कांग्रेस के शीर्ष नेतृत्व को गिरफ्तार कर लिया, इस विश्वास के साथ कि नेताओं को जेल में डालने से आंदोलन स्वतः समाप्त हो जाएगा। पर हुआ इसका ठीक विपरीत — आंदोलन और व्यापक रूप में फैल गया, और देश के अनेक भागों में जनता तथा स्थानीय कार्यकर्ताओं ने नेतृत्व संभाल लिया।

बलिया इस इतिहास का एक उज्ज्वल पृष्ठ था, और इस संघर्ष का सबसे प्रामाणिक विवरण स्वयं पांडे जी के शब्दों में मिलता है। वर्षों बाद, स्वतंत्र भारत की राज्यसभा में नज़रबंदी विधेयक पर बोलते हुए, उन्होंने अपने जिले की उस गाथा को सदन के समक्ष रखा:

"मैं जिस जिले से आया हूँ उसका मुझे गर्व है — वह बहादुरों का जिला है। वह जिला उत्तर प्रदेश में बलिया के नाम से प्रसिद्धि पा चुका है। बलिया हिंदुस्तान के इतिहास में शेरे-बलिया चित्तू पांडे के नाम से सर्वदा याद किया जाएगा। बलिया का सन 1942 का इतिहास बहुत ही महत्वपूर्ण है और वह भारतीय इतिहास में हमेशा अमर रहेगा।"

उन्होंने उस दमन का वर्णन किया जो बलिया की शांतिप्रिय जनता पर ढाया गया:

"उस समय हमारे 150 आदमी गोली और मशीनगनों के शिकार हुए। उन पर हवाई जहाजों से भी हमला करने की कोशिश की गई। मगर इतना होने पर भी वहाँ की जनता ने गांधी जी के बताए हुए उसूलों के मुताबिक अपना कार्य जारी रखा। उन्होंने किसी पर हथियार नहीं चलाया, किसी भी सिपाही को घायल नहीं किया गया, किसी को कत्ल नहीं किया गया। इतना होने पर भी बलिया के लोगों ने अंग्रेजी सरकार के सामने हार नहीं मानी।"

और फिर उस ऐतिहासिक क्षण का, जब बलिया ने अपना स्वतंत्र शासन स्थापित किया:

"हमने सर्वप्रथम 'स्वतन्त्र बलिया प्रजातंत्र' की स्थापना की। बारह सप्ताह तक हमारा राज रहा। इसका क्या कारण था? इसका कारण यह था कि हम लोग गांधी जी के बताए हुए सिद्धांतों के अनुसार चलते रहे जिसको वहाँ की जनता ने अपना लिया था।"

उन्होंने उस दमन-चक्र के सूत्रधारों को भी नाम सहित स्मरण किया — कैसे उस समय के गवर्नर श्री हैलेट ने मार्श स्मिथ और नेदरसोल नामक अपने दो अधिकारियों को फौज और पुलिस के साथ बलिया को पुनः जीतने के लिए भेजा, और कैसे उन्होंने अमानुषिक अत्याचार किए। पांडे जी की दृष्टि में बलिया का महत्व केवल विद्रोह में नहीं, उसके अनुशासित चरित्र में था — कि गोलियों और मशीनगनों के बीच भी उसने अहिंसा का मार्ग नहीं छोड़ा। (यहाँ यह स्मरण रखना उचित है कि "बारह सप्ताह" तथा हताहतों की संख्या जैसे विवरण पांडे जी की अपनी स्मृति और कथन पर आधारित हैं; इतिहास के दस्तावेज़ी अभिलेखों में स्वतंत्र बलिया की अवधि प्रायः इससे कम बताई जाती है। हमने उनके कथन को यथावत् रखा है, क्योंकि यह उस घटना का उनका अपना, प्रत्यक्षदर्शी विवरण है।)

उस समय तक पांडे जी पूर्वी उत्तर प्रदेश के एक विश्वसनीय कांग्रेस कार्यकर्ता के रूप में स्थापित हो चुके थे, और प्रशासन उनके प्रभाव से भली-भाँति परिचित था। यही कारण था कि भारत छोड़ो आंदोलन के दौरान उन्हें पुनः गिरफ्तार कर लिया गया। यह गिरफ्तारी पूर्ववर्ती गिरफ्तारियों से भिन्न थी — पहले सजा की अवधि प्रायः निश्चित होती थी, पर 1942 के बाद सरकार आंदोलन को किसी भी कीमत पर दबाना चाहती थी, और हजारों कार्यकर्ताओं को लंबे समय तक जेलों में रखा गया। बाहर देश का परिदृश्य तेजी से बदल रहा था — युद्ध चल रहा था, ब्रिटिश साम्राज्य की शक्ति कमजोर पड़ रही थी, और स्वतंत्रता की माँग प्रबल होती जा रही थी — पर इन ऐतिहासिक परिवर्तनों के बीच पांडे जी जैसे अनेक सेनानी जेलों में बंद थे और घटनाओं को दूर से देख रहे थे। स्वभाव से सक्रिय इस व्यक्ति के लिए यह विशेष रूप से कठिन समय रहा होगा; पर जैसा डायरी के पन्ने

गवाही देते हैं, इन्हीं वर्षों में बाहर का कार्यकर्ता भीतर एक गंभीर चिंतक के रूप में विकसित हो रहा था।

वह कैदी जिसे सरकार छोड़ने से डरती थी

सन् 1945–46 तक राजनीतिक परिस्थितियाँ तेजी से बदल रही थीं। द्वितीय विश्वयुद्ध समाप्ति की ओर था, और स्वतंत्रता अब दूर का स्वप्न नहीं, निकट की संभावना बन चुकी थी। अंतरिम सरकार के गठन की प्रक्रिया आरम्भ हुई और अनेक राजनीतिक कैदियों को मुक्त किया जाने लगा। वर्षों से जेलों में बंद सेनानियों के परिवारों के लिए यह आशा का संदेश था, और पांडे जी का परिवार भी स्वाभाविक रूप से यही अपेक्षा कर रहा था।

पर यहीं एक असामान्य स्थिति उत्पन्न हुई। परिवार की स्मृति और पीढ़ियों से चली आ रही मौखिक परम्परा के अनुसार, जब अधिकांश राजनीतिक बंदी मुक्त होने लगे, तब भी पांडे जी रिहा नहीं किए गए। आरम्भ में लोगों को लगा कि शायद कोई प्रशासनिक विलंब हुआ होगा, पर समय बीतने पर चिंता बढ़ने लगी। कहा जाता है कि इस विषय को लेकर परिवार और सहयोगियों ने तत्कालीन संयुक्त प्रांत की सरकार का ध्यान आकर्षित किया, जहाँ उस समय पंडित गोविंद बल्लभ पंत प्रधानमंत्री (प्रीमियर) थे। जब यह प्रश्न प्रशासन के उच्च स्तर तक पहुँचा और स्पष्टीकरण माँगा गया, तब यह तथ्य सामने आया कि पांडे जी को साधारण राजनीतिक बंदी के रूप में नहीं देखा जा रहा था — कुछ अधिकारियों का मत था कि वे अत्यंत प्रभावशाली, संगठन-क्षमता वाले और वैचारिक रूप से दृढ़ व्यक्ति हैं, जो जेल से बाहर आते ही पुनः जनजीवन को प्रभावित कर सकते हैं।

इस प्रसंग का दस्तावेज़ी सत्यापन अभी भी शोध का विषय है, पर परिवार की स्मृति में यह घटना स्पष्ट रूप से जीवित है। यदि यह विवरण सही है, तो यह उनके व्यक्तित्व के बारे में बहुत कुछ कहता है। उन्होंने कोई बड़ा सरकारी पद नहीं संभाला था, वे किसी विशाल संगठन के सर्वोच्च नेता नहीं थे, उनके पास धन या सत्ता भी नहीं थी — फिर भी एक साम्राज्यवादी प्रशासन उन्हें इतना महत्व देता था कि

उनकी रिहाई पर अलग से विचार करे। यह उस प्रभाव की स्वीकृति थी जो विचार, संगठन और चरित्र मिलकर उत्पन्न करते हैं।

अंततः विरोध और हस्तक्षेप के बाद उनकी रिहाई का मार्ग प्रशस्त हुआ। वर्षों का कारावास समाप्त हुआ — वह व्यक्ति, जिसने अपने जीवन की पाँच होलियाँ और पाँच दीपावलियाँ जेल में बिताई थीं, जो बार-बार गिरफ्तार हुआ था, जिसने जेल के भीतर तिरंगा फहराया था, अब पुनः स्वतंत्र हवा में साँस लेने जा रहा था। पर जब वे बाहर निकले तब देश भी बदल चुका था; स्वतंत्रता अब केवल एक लक्ष्य नहीं, निकट भविष्य की वास्तविकता बन चुकी थी। और उनके सामने एक नया प्रश्न खड़ा था — यदि गुलाम भारत के लिए संघर्ष करना उनका कर्तव्य था, तो स्वतंत्र भारत के निर्माण में उनकी भूमिका क्या होगी ? यह प्रश्न केवल उनका नहीं था; यह उस पूरी पीढ़ी का प्रश्न था जिसने स्वतंत्रता के लिए अपना सर्वस्व अर्पित कर दिया था।

क्रांति से लोकतंत्र तक : एक वैचारिक यात्रा

इस पूरे संघर्ष को समझने के लिए एक बात पर रुकना आवश्यक है — कि सशस्त्र मार्ग से चलकर अहिंसक जनशक्ति तक पहुँचने की उनकी यात्रा सुविधा की नहीं, विचार की यात्रा थी। स्वतंत्र भारत की राज्यसभा में, जहाँ बहुत कम लोग अपने क्रांतिकारी अतीत को सार्वजनिक रूप से स्वीकार करने का साहस करते थे, उन्होंने अपने जीवन के उस आरंभिक चरण को छिपाया नहीं:

"मैं भी उत्तर प्रदेश का एक साधारण किसान हूँ, देश-सेवक हूँ; कांग्रेस कार्यकर्ताओं के साथ मैं जीवन भर काम करता रहा। मैंने अपने पहले जीवन में हथियार उठाकर अंग्रेजों के खिलाफ खुली बगावत करने की चेष्टा की। मेरे ऊपर षड्यंत्र-केस चलाया गया; मैंने हथियार इकट्ठा किए और इस प्रकार अंग्रेजी सल्तनत को उलटने के लिए नाना प्रकार के कार्य किए।"

पर इसके तुरंत बाद वे उस निष्कर्ष पर पहुँचते हैं जो उनके राजनीतिक विकास की कुंजी है:

"मगर मैंने इस पर गौर और विचार किया कि हम लोग हथियारों के द्वारा इस देश को विदेशी राज्य से मुक्त करा सकने में कामयाब हो सकते हैं या नहीं।"

उन्होंने अपने प्रिय क्रांतिकारियों के प्रति श्रद्धा कभी कम नहीं की — सदन में राम प्रसाद बिस्मिल, चंद्रशेखर आज़ाद, भगत सिंह जैसे नामों के समक्ष उन्होंने आदरपूर्वक सिर झुकाया, और कहा, "मैं राम प्रसाद बिस्मिल की इज्जत करता हूँ।" पर अंततः उन्होंने स्वीकार किया कि गांधीजी के नेतृत्व में जनता की संगठित, अहिंसक शक्ति ही विदेशी सरकार को देश से बाहर कर सकती है। यह परिवर्तन भय या अवसर का नहीं, गहरे आत्ममंथन का परिणाम था — और इसीलिए बाद के वर्षों में भी उनके भीतर वही क्रांतिकारी साहस बना रहा, केवल उसका रूप बदल गया: अब वह साहस बंदूक के रूप में नहीं, बल्कि संसद में निर्भीक शब्दों के रूप में प्रकट होने वाला था।

1930 से 1946 तक का यह काल उनके जीवन का तपस्वी चरण था — वह समय जब संघर्ष ने उनके चरित्र को परखा, और उन्होंने हर परीक्षा में स्वयं को और दृढ़ सिद्ध किया। जब वे जेल गए थे, तब भारत ब्रिटिश शासन के अधीन था; जब वे बाहर आए, तब स्वतंत्रता की आहट सुनाई देने लगी थी। एक युग समाप्ति की ओर बढ़ रहा था, और एक नया युग जन्म लेने वाला था — जिसमें पांडे जी केवल स्वतंत्रता सेनानी नहीं, स्वतंत्र भारत के निर्माण में सक्रिय भागीदार जनसेवक के रूप में सामने आने वाले थे।

अध्याय 5
संसद में एक स्वतंत्रता सेनानी

संघर्ष से शासन तक

स्वतंत्रता-प्राप्ति के साथ भारत के इतिहास का एक अध्याय समाप्त हुआ और दूसरा आरम्भ हुआ। जिन लोगों ने विदेशी शासन के विरुद्ध संघर्ष किया था, उन्हें अब उसी राष्ट्र के निर्माण का दायित्व संभालना था जिसकी स्वतंत्रता के लिए उन्होंने अपने जीवन के सर्वश्रेष्ठ वर्ष समर्पित किए थे। कल तक जो व्यक्ति आंदोलनकारी था, आज उसे विधायक और राष्ट्रनिर्माता की भूमिका निभानी थी।

पंडित तारकेश्वर पांडे ने स्वतंत्रता के बाद सार्वजनिक जीवन से स्वयं को अलग नहीं किया। संसद तक पहुँचने से पहले उन्होंने जमीनी स्तर पर वही कार्य किया जो उनके स्वभाव के अनुकूल था — जिला बोर्ड, शिक्षा और ग्रामीण विकास से जुड़े कार्यों में सक्रिय रहते हुए उन्होंने उन समस्याओं को निकट से देखा जिनका सामना नवस्वतंत्र भारत कर रहा था। देश राजनीतिक रूप से स्वतंत्र हो चुका था, किन्तु गरीबी, अशिक्षा, खाद्यान्न-संकट और प्रशासनिक जड़ता जैसी चुनौतियाँ अभी सामने थीं। उनके लिए राष्ट्रनिर्माण का अर्थ केवल शासन चलाना नहीं, बल्कि इन्हीं समस्याओं का समाधान खोजना था।

इसी पृष्ठभूमि में उनका प्रवेश राज्यसभा में हुआ। यह सदस्यता उनके लिए किसी व्यक्तिगत उपलब्धि का शिखर नहीं थी; उनकी जेल डायरी और संसदीय भाषणों को साथ पढ़ने पर स्पष्ट होता है कि सत्ता के प्रति उनका दृष्टिकोण मूलतः साधन का था, साध्य का नहीं। स्वतंत्र भारत की संसद उस समय अपने आरंभिक वर्षों में थी — संविधान नया था, विभाजन की स्मृतियाँ ताज़ा थीं, और भाषा, शिक्षा, कृषि, सामाजिक न्याय तथा राष्ट्रीय सुरक्षा जैसे प्रश्न एक साथ राष्ट्र के सामने उपस्थित थे। ऐसे समय में संसद केवल विधायी संस्था नहीं थी

वह उस भारत की दिशा तय कर रही थी जिसकी कल्पना स्वतंत्रता आंदोलन ने की थी।

उनके भाषणों को पढ़ते समय एक बात विशेष रूप से ध्यान खींचती है — वे किसी एक विषय के सांसद नहीं थे। किसान की समस्या पर बोलते समय भी उनके सामने राष्ट्र था; भाषा, शिक्षा, सामाजिक न्याय या राष्ट्रीय सुरक्षा पर भी उनका दृष्टिकोण व्यापक राष्ट्रीय हित से जुड़ा रहता था। बलिया का किसान, काशी विद्यापीठ का छात्र, जेल की कोठरी में चिंतन करने वाला सेनानी और स्वतंत्र भारत का सांसद — इन सभी रूपों का संगम उनके संसदीय हस्तक्षेपों में दिखाई देता है। स्वतंत्रता-संग्राम समाप्त अवश्य हुआ था, पर उनके लिए राष्ट्रसेवा का संघर्ष जारी था। अब रणभूमि बदल गई थी — जेल और आंदोलन के स्थान पर संसद का सदन था; किन्तु उद्देश्य वही रहा।

सार्वजनिक जीवन की शुचिता

स्वाधीनता-आंदोलन ने भारतीय राजनीति में त्याग और सेवा की परम्परा विकसित की थी; स्वाभाविक था कि स्वतंत्रता के बाद जनता अपने प्रतिनिधियों से उच्च आचरण की अपेक्षा करती। पांडे जी मानते थे कि यदि सार्वजनिक जीवन से नैतिकता समाप्त हो जाए, तो स्वतंत्रता का नैतिक आधार भी कमजोर पड़ जाएगा। राज्यसभा में 1952 में भ्रष्टाचार और सार्वजनिक जीवन की शुचिता पर हुई चर्चा में उन्होंने इसी प्रश्न को उठाया। उस समय देश राशन-व्यवस्था के कठिन दौर से गुजर रहा था, और चर्चा के दौरान डॉ. पी.सी. मित्रा ने सदस्यों से एक सीधा, असहज प्रश्न पूछा:

"आज मैं कहता हूँ कि यहाँ सब मेम्बर हैं, सब राशन लेते हैं, लेकिन मैं पूछता हूँ कि कौन ऐसे हैं जो कि सिर्फ एक आदमी का ही अपना राशन लेते हैं ?"

ऐसे प्रश्नों के उत्तर सामान्यतः भाषणों में नहीं दिए जाते। किन्तु पांडे जी ने तत्काल उत्तर दिया:

"मैं कहता हूँ कि मैंने एक यूनिट लिया है।"

इस छोटे-से वाक्य में कोई अलंकार नहीं था, कोई आत्मप्रशंसा नहीं — केवल एक सीधा उत्तर; और उसी सरलता में उसका महत्व निहित था। इसे समझने के लिए उनकी जेल डायरी की ओर लौटना आवश्यक है, जहाँ "लोकेष्णा" में उन्होंने लिखा था कि सार्वजनिक जीवन की सबसे बड़ी चुनौती बाहरी विरोधी नहीं, मनुष्य की आंतरिक दुर्बलताएँ हैं। संसद में उनका यह आचरण उसी विचार का व्यावहारिक रूप था — वे नैतिकता की चर्चा केवल सिद्धांत के रूप में नहीं करते थे, बल्कि स्वयं उन मानकों का पालन करते थे जिनकी अपेक्षा वे समाज से करते थे।

उनके लिए शुचिता का दूसरा पक्ष त्याग भी था। यही दृष्टि उसी वर्ष मंत्रियों के वेतन में कटौती के विधेयक पर उनके हस्तक्षेप में दिखाई देती है। अनेक सदस्यों ने सरकार की आलोचना की, पर उन्होंने सबसे पहले यह याद दिलाया कि यह कटौती मंत्रियों ने स्वयं प्रस्तावित की थी:

"मंत्रियों ने स्वयं यह विधेयक उपस्थित किया है कि हमारे वेतन में कमी की जाय और हमें जो मोटर और अन्य सवारी में सहूलियत दी जाती थी उनमें कमी की जाय।"

जो लोग प्राय: रूस का उदाहरण देते थे, उन्हीं से उन्होंने प्रशासन की वास्तविकता पर प्रश्न किया:

"जिस देश का वे अक्सर उदाहरण देते रहते हैं, उस देश के जो सबसे बड़े लीडर स्टालिन हैं, उनके जीवन में और वहाँ के साधारण कर्मचारी के जीवन में क्या अंतर है?"

और फिर एक ऐसी बात कही जो आज असामान्य लग सकती है, पर उस पीढ़ी की राजनीति को समझने में सहायक है:

"मैं उत्तर प्रदेश का रहने वाला हूँ और बहुत से मंत्रियों को जानता हूँ जिनको अपना जीवन-निर्वाह करना ही मुश्किल हो जाता है और जो इस समय कर्ज़े में हैं।"

यही उनके दृष्टिकोण की विशेषता थी — वही व्यक्ति जो भ्रष्टाचार के विरुद्ध कठोर स्वर में बोलता था, सार्वजनिक जीवन में त्याग को भी उतना ही महत्व देता था। उनका विश्वास था कि किसी भी लोकतंत्र की वास्तविक शक्ति उसके संस्थानों से पहले उसके नेतृत्व के चरित्र में निहित होती है।

लोकतंत्र, स्वतंत्रता और उत्तरदायित्व

स्वतंत्रता के बाद भारत के सामने एक नई चुनौती थी — लोकतंत्र की रक्षा कैसे की जाए, नागरिक स्वतंत्रताओं को कैसे सुरक्षित रखा जाए, और साथ ही यह कैसे सुनिश्चित किया जाए कि नवजात राष्ट्र अराजकता का शिकार न हो। 1952 में नज़रबंदी (निवारक निरोध) विधेयक पर इसी प्रश्न पर बहस चल रही थी, और पांडे जी इसमें किसी विधिवेत्ता की तरह नहीं, बल्कि एक स्वतंत्रता सेनानी की तरह भाग ले रहे थे। जैसा हम पिछले अध्याय में देख चुके हैं, उन्होंने सदन के समक्ष अपने क्रांतिकारी अतीत को निस्संकोच स्वीकार किया था और बताया था कि किस मंथन के बाद वे अहिंसक जनशक्ति को अधिक प्रभावी मानने लगे — वही अनुभव अब इस बहस में उनके दृष्टिकोण की नींव बना।

उन्होंने सदन को स्मरण कराया कि स्वतंत्रता का दायित्व भी उतना ही बड़ा है जितना उसका अधिकार:

"सदियों के बाद हमारा देश स्वतंत्र हुआ है। इस देश में प्रजातंत्र और लोकशाही की स्थापना हुई है और अब उसकी रक्षा करना हम सब लोगों का कर्तव्य है। हमको सोचना चाहिए कि जब राज्य-परिवर्तन होता है तो देश में तरह-तरह की स्थितियाँ पैदा हो जाती हैं।"

फिर उन्होंने राज्य-परिवर्तन के समय उत्पन्न होने वाली परिस्थितियों का अपना विश्लेषण रखा — कि जनता में एक ओर अराजकता की भावना पनपती है, समाज के विरोधी तत्व खुलकर खेलना चाहते हैं, सत्ता से वंचित लोग षडयंत्र करते हैं, और विभिन्न दल सत्ता पाने की चेष्टा करते हैं। इन्हीं परिस्थितियों के बीच, उनके अनुसार, राज्य का

यह कर्तव्य हो जाता है कि वह सामान्य नागरिक को भयमुक्त जीवन दे सके। वे स्वतंत्रता और सुरक्षा को परस्पर विरोधी नहीं मानते थे।

पर इसी बहस में उन्होंने व्यक्तिगत स्वतंत्रता का प्रश्न एक अप्रत्याशित दिशा में मोड़ दिया। पहले उन्होंने स्पष्ट किया कि वे स्वयं उस स्वतंत्रता के कितने बड़े पक्षधर हैं — "मेरा पूर्ण विश्वास है कि बीसवीं सदी में गांधीजी से बड़ा व्यक्तिगत स्वतंत्रता का पक्षपाती कोई नहीं है" — और फिर प्रश्न किया:

"जिस व्यक्तिगत स्वतंत्रता का आप लोग समर्थन करते हैं, मैं पूछता हूँ कि क्या वह व्यक्तिगत स्वतंत्रता सिर्फ आप लोगों के लिये है, और लोगों को व्यक्तिगत स्वतंत्रता नहीं मिलनी चाहिये ?"

उनके लिए स्वतंत्रता किसी वर्ग या दल का विशेषाधिकार नहीं थी; वह साधारण किसान, मजदूर, स्त्री और नागरिक की सुरक्षा से जुड़ी हुई थी। यदि उसका लाभ केवल कुछ लोगों तक सीमित रह जाए और समाज का व्यापक हित प्रभावित होने लगे, तो लोकतंत्र का उद्देश्य अधूरा रह जाता है। यही कारण है कि वे बार-बार उस राज्य-दायित्व की चर्चा करते हैं जिसके बिना लोकतंत्र केवल कागज़ी व्यवस्था बनकर रह जाता है।

किसान, भूख और उपेक्षित भारत

खाद्य-संकट पर हुई संसदीय चर्चाओं में पांडे जी का स्वर केवल एक सांसद का स्वर नहीं रह जाता — वहाँ बोलने वाला व्यक्ति एक ऐसे प्रदेश का प्रतिनिधि भी है जिसकी अर्थव्यवस्था खेती पर निर्भर थी, जो बार-बार बाढ़ और अवर्षण का शिकार होता था, और जो स्वतंत्रता के दो दशक बाद भी विकास की मुख्यधारा से स्वयं को अलग-थलग अनुभव कर रहा था। उनके लिए खाद्य-समस्या केवल अनाज की समस्या नहीं थी; वह किसान की, ग्रामीण भारत की, और अंततः राष्ट्र की समस्या थी। उन्होंने सदन को स्मरण कराया:

"भारतवर्ष की जो खाद्य समस्या है वह स्वतंत्रता के बाद हल नहीं की जा सकी, और बिना क्रांतिकारी परिवर्तन किये हुए इस समस्या का कोई हल नहीं निकल सकता है।"

उनके अनुसार समस्या केवल उत्पादन की मात्रा की नहीं, बल्कि उस दृष्टिकोण की थी जिस पर नीतियाँ आधारित थीं:

"यह आधारभूत सत्य है और इससे कोई इनकार नहीं कर सकता है कि भारत सरकार की कृषि नीति जिस सिद्धान्त पर आधारित है, उससे खाद्य समस्या को दृढ़ करने और खेती की उपज में जितनी वृद्धि की आवश्यकता है, उसको प्राप्त करने में हम असमर्थ रहे हैं।"

यह आलोचना उद्योगों के विरोध से नहीं उपजी थी; उनकी आपत्ति इस बात से थी कि किसान को वह महत्व नहीं दिया जा रहा था जिसके बिना समाधान असंभव था। वे बार-बार इस विरोधाभास की ओर लौटते थे कि किसान से उत्पादन बढ़ाने की अपेक्षा तो की जाती है, पर उसे साधन नहीं दिए जाते:

"अगर मैं गलती नहीं करता हूं, तो पन्द्रह वर्ष से अपने प्रधानमंत्री को यह कहते हुए सुनता हूं कि हमारे हिन्दुस्तान का किसान बड़ा कन्जरवेटिव है, वह खेती के पुराने हथियारों से और पुराने तरीके से खेती करता है... लेकिन मेरा प्रश्न यह है कि क्या भारत सरकार इस सम्बन्ध में कोई कदम उठा रही है? मैं इसका स्वयं उत्तर देता हूं कि इस सम्बन्ध में जो काम है वह इतना अपर्याप्त है कि वह किसानों तक नहीं पहुंचता, वह कमीशन में रह जाता है, पुस्तकों में ही रह जाता है।"

कृषि-प्रश्न पर उनका स्वर सबसे तीखा तब हो जाता था जब वे अधूरे भूमि-सुधार की चर्चा करते थे:

"जमींदारी प्रथा समाप्त हो गई है, किसानों को जमीन का हक मिल गया, और सिद्धान्त के तौर पर खेती की सीलिंग भी फिक्स हो गई है; लेकिन वास्तव में जो लोग शासन चलाते हैं... उन्होंने ईमानदारी से सीलिंग को फिक्स नहीं किया। जिनके पास अधिक भूमि थी उनकी

भूमि का बंटवारा इस प्रकार किया गया कि उनको सर्वथा धक्का न लग सके।"

किन्तु इन सब बहसों का सबसे महत्वपूर्ण पक्ष वह है जहाँ वे किसान को केवल एक आर्थिक वर्ग नहीं, राष्ट्र की आधारशिला के रूप में देखते हैं:

"राष्ट्र क्या है, देश क्या है ? मुट्ठीभर और शक्तिशाली लोग क्या देश के कर्णधार हैं ?... वे राष्ट्र नहीं हैं। राष्ट्र जो है वह किसान है, मजदूर है, जो देहातों और शहरों में मजदूरी और काम करता है।"

उनकी दृष्टि में किसान तब तक पूरी निष्ठा से उत्पादन नहीं करेगा जब तक उसे यह विश्वास न हो कि उसके श्रम का फल उसी को मिलेगा:

"जब तक आप इस प्रकार का संकल्प, इस प्रकार का नेतृत्व, इस प्रकार की प्रेरणा किसान और मजदूर को नहीं दे सकते, तब तक आप मुझसे सुन लीजिये कि आप अनाज के उत्पादन में वृद्धि नहीं कर सकते हैं।"

व्यापारियों और बिचौलियों की भूमिका पर भी उन्होंने खुलकर कहा — कि क्या यह संसद "मुट्ठीभर व्यापारियों का दमन नहीं कर सकती ?" उनका आशय हिंसा से नहीं, कानून और प्रशासनिक दृढ़ता से शोषणकारी संरचनाओं को समाप्त करने से था। और बार-बार उनका ध्यान पूर्वी उत्तर प्रदेश की ओर लौटता था, जिसमें केवल क्षेत्रीय आग्रह नहीं, एक गहरी पीड़ा भी थी:

"उत्तर प्रदेश उपेक्षित है, पिछड़ा हुआ है — खेती में पिछड़ा है, उद्योग में पिछड़ा है, शिक्षा में पिछड़ा है, सामाजिक कार्यों में पिछड़ा है... सिवाय प्रधानमंत्री उत्पन्न करने के।"

इस व्यंग्य में केवल राजनीतिक कटाक्ष नहीं, उस क्षेत्र की निराशा थी जिसे वे राष्ट्रीय विकास की दौड़ में बार-बार पीछे छूटता देखते थे। पर वे केवल कृषि के पक्षधर नहीं थे; उनकी सोच की व्यापकता इसी में थी कि वे यह भी मानते थे कि "केवल खेती से उत्तर प्रदेश के पूर्वी जिलों की समस्या का हल नहीं हो सकता," और बड़े उद्योगों की भी आवश्यकता है। वे संतुलित विकास चाहते थे। और उनकी अंतिम चेतावनी केवल

खाद्य-नीति के बारे में नहीं, राष्ट्र की स्थिरता के बारे में थी — कि यदि जनता को भूख रहेगी और अन्न नहीं मिलेगा, तो वह स्वयं अपना प्रबंध करेगी; "रक्तरंजित क्रान्ति" तक हो सकती है। यह किसी उग्र भाषण का अंश नहीं था, बल्कि उस सेनानी की चिंता थी जो जानता था कि भूख अंततः सामाजिक और राजनीतिक संकट का रूप ले लेती है।

उपेक्षित अंचल : बाढ़, सीमा और सामरिक सुरक्षा

पांडे जी के क्षेत्रीय सरोकार केवल खाद्य तक सीमित नहीं थे। उनके पूर्वी उत्तर प्रदेश का जीवन गंगा और सरयू की बाढ़ से बँधा हुआ था, और इस पीड़ा को वे आँकड़ों से नहीं, अनुभव से जानते थे:

"मैं बाढ़ का अभ्यस्त हूँ, क्योंकि लगभग 40 वर्ष से मैं बाढ़ग्रस्त क्षेत्र में काम करता रहा हूँ। उस अनुभव से कहता हूँ... मैं गंगा और सरयू के संगम पर बसा हूँ और उस पीड़ा को मैं ही जानता हूँ, उसे विशेषज्ञ नहीं जान सकते — कागज, कलम और दावात से एयर-कंडीशंड कमरे में बैठकर जो काम करते हैं, उनको उसका ज्ञान नहीं हो सकता।"

बाढ़-नियंत्रण बोर्ड में बड़े विशेषज्ञों की नियुक्ति पर उन्होंने एक उर्दू शेर के सहारे तीखा व्यंग्य किया — कि बहुत शोर सुना था, पर "दिल का जो चीरा तो इक कतरा-ए-खून निकला।" उन्होंने बाढ़-राहत के लिए नौ ठोस सुझाव सदन के समक्ष रखे — लगान-वसूली स्थगित करना, बाढ़ग्रस्त क्षेत्र के विद्यार्थियों की फीस माफ करना, सस्ते अनाज की दुकानें, साधनहीन परिवारों को मुफ्त राशन और कपड़ा, और मनुष्यों तथा मवेशियों दोनों के लिए स्वास्थ्य एवं चारे का प्रबंध। यह उस व्यक्ति की व्यावहारिक दृष्टि थी जिसने राहत-कार्य केवल देखा नहीं, स्वयं किया था।

इसी अंचल से जुड़ा एक और प्रश्न उत्तर प्रदेश और बिहार की स्थायी सीमा का था, जिसके आंदोलन का नेतृत्व उन्होंने वर्षों किया था। गंगा और सरयू की बदलती धाराओं के कारण सीमावर्ती गाँवों की भूमि इधर-उधर होती रहती थी और विवाद चलते रहते थे। इस प्रश्न पर

उनकी निःस्वार्थता असाधारण थी — सीमा का स्थायी समाधान हो, इसके लिए वे अपने ही जिले को छोड़ देने तक को तैयार थे:

"हम तो यहाँ तक कहना चाहते हैं कि अगर उन्हें इससे आत्मसंतोष हो तो सारे बलिया जिले को उत्तर प्रदेश से काट कर बिहार में मिला दीजिए; हमें कोई चिन्ता नहीं है, कोई दुख नहीं है। स्थायी सीमा हम चाहते हैं, चाहे जैसे भी बने।"

और जब किसी ने उन्हें केवल एक जिले का प्रतिनिधि कहकर सीमित करना चाहा, तो उनका उत्तर उनके राष्ट्रीय दृष्टिकोण को प्रकट करता है: "हम सारे हिन्दुस्तान को रिप्रेजेन्ट करते हैं... यहाँ चले आते हैं तो सारे देश की भावना से ओतप्रोत हो जाते हैं।"

उनके इसी क्षेत्रीय और राष्ट्रीय बोध का एक दूरदर्शी पक्ष रेलवे की बहसों में सामने आता है। 1960 में, और फिर 1962 के चीनी आक्रमण के बाद, उन्होंने हिमालय की तराई के उस भूभाग की ओर बार-बार ध्यान खींचा जो छोटी (मीटरगेज) लाइनों के जाल में घिरा हुआ था — और जिसका सामरिक महत्व उस समय बहुत कम लोग देख पा रहे थे:

"चीन जैसा बलशाली देश युग में उत्पन्न हुआ जिसने तिब्बत जैसे पुरातन राष्ट्र को हजम कर लिया... उस अंचल में, जो सामरिक दृष्टिकोण से महत्वपूर्ण है, रेलवे विभाग के लिए छोटी लाइन बहुत उपयोग की नहीं, बल्कि अनुपयोगी है — उसका सीधा सम्बन्ध देश के और हिस्सों से नहीं हो सकता। इस तरफ विशेष ध्यान देने की आवश्यकता है।"

बरौनी में बड़ी लाइन से जुड़े एक पुल को उन्होंने रेलवे बोर्ड की सजगता का प्रतीक बताया और माँग की कि बरौनी, मुजफ्फरपुर और सिलीगुड़ी जैसे क्षेत्रों को बड़ी लाइन से जोड़ने का कार्य तेज़ किया जाए। आज जब हम उस सीमावर्ती क्षेत्र की रेल-संरचना को देखते हैं, तब उनकी यह माँग अपने समय से बहुत आगे की प्रतीत होती है।

समाज, समानता और संविधान

पांडे जी प्रायः सनातन परम्परा के प्रबल समर्थक के रूप में पहचाने जाते हैं, और सामाजिक सुधार से जुड़े विधेयकों पर उनका रुख रूढ़िवादी रहा है। पर उनके व्यक्तित्व को इसी एक रंग में देख लेना भूल होगी। अनुसूचित जाति और जनजाति आयुक्त की रिपोर्ट पर 1967 की बहस में उनका जो रूप सामने आता है, वह इस चित्र को गहराई देता है। उन्होंने जातिगत भेदभाव को एक "परम्परागत सामाजिक बुराई" कहा और स्पष्ट किया कि वे आर्यसमाजी नहीं, सनातन धर्म के अनुयायी होते हुए भी इस प्रश्न को मौलिक मानते हैं। उन्होंने एक तीखा आत्म-विश्लेषण सदन के समक्ष रखा:

"क्षमा करेंगे, जो लोग हिन्दू धर्म को मानते हैं, उनमें सामाजिक विषमता है। इस्लाम, क्रिश्चियन धर्म, सिखिज्म, बुद्धिज्म — इनमें सामाजिक असमानता नहीं है, न व्यवहार में और न दर्शन में। हिन्दू धर्म के दर्शन में सामाजिक विषमता का उल्लेख नहीं है, लेकिन व्यवहार में कहीं-कहीं दीख पड़ती है।"

यह स्वीकारोक्ति महत्वपूर्ण है — एक सनातनधर्मी सांसद अपने ही समाज की व्यावहारिक विषमता को सदन के सामने स्वीकार कर रहा था। उन्होंने यह भी कहा कि छुआछूत को कांग्रेस का संविधान नहीं मानता और न वे स्वयं उसे मानते हैं, कि कुएँ और होटल वाले उदाहरण अब "इतिहास के पृष्ठों की बात" बनते जा रहे हैं, और कि मूल प्रश्न आर्थिक और सामाजिक विषमता का है। उनका सबसे ठोस सुझाव यह था कि हरिजन वर्ग की पीड़ा को वही पूरी तरह समझ सकता है जो स्वयं भुक्तभोगी हो — इसलिए उन्होंने माँग की कि इस विभाग के मंत्री हरिजन हों:

"जो हरिजन हैं, वही हरिजनों के लिए देश और समाज में जो इस प्रकार की भावना है उसे समझ सकते हैं; उसको दूसरा कोई समझ नहीं सकता... मैं प्रार्थना करूँगा कि इस विभाग में जो मंत्री हों वे हरिजन हों।"

पर उन्होंने एक चेतावनी भी दी, जो उनके राष्ट्रीय-एकता-बोध से उपजी थी — कि सामाजिक उत्थान के प्रयास में ऐसा कोई कदम न

उठाया जाए जो हरिजन वर्ग को हमेशा के लिए शेष समाज से अलग एक वर्ग बना दे; लक्ष्य विषमता मिटाना है, विभाजन गहरा करना नहीं।

इसी संवैधानिक दृष्टि का एक और उदाहरण राजाओं के प्रिवी पर्स की समाप्ति पर 1971 की बहस है। सिद्धांततः वे इस समाप्ति से सहमत थे — वे मानते थे कि देश अभी सामंती व्यवस्था से ऊपर नहीं उठ पाया है और मनुष्य तथा उसके श्रम का आदर हुए बिना समाजवाद की स्थापना नहीं हो सकती। पर उन्होंने इसे आवेश का नहीं, धैर्य और बातचीत का विषय माना — कि जिस तरह सरदार पटेल ने रियासतों का एकीकरण किया था, उसी तरह सरकार को राजाओं से बातचीत के लिए समय दिया जाए। और इसी बहस में उनका वह स्वभाव झलकता है जो किसी को भी एकपक्षीय रूप से अपमानित करने से रोकता था:

"जिन राजाओं ने अपने बाहुबल से, तलवार के बल से राज्यों की स्थापना की और हजारों वर्ष जिनका उज्ज्वल इतिहास भरा पड़ा है... महाराणा प्रताप के वंशजों को कौन आदर की दृष्टि से नहीं देख सकता? उन राजाओं में किसी को देशभक्त न कहना, किसी को गद्दार कहना — यह भी उचित नहीं है।"

यहाँ वही दृष्टि काम कर रही थी जो उनकी जेल डायरी में दिखाई देती है — मनुष्य को, चाहे वह राजा हो या विरोधी, उसकी संपूर्णता में देखने की, और सम्मान तथा असहमति को साथ-साथ रखने की।

संकट के समय राष्ट्र

1962 का चीनी आक्रमण स्वतंत्र भारत के इतिहास की सबसे बड़ी चुनौतियों में से एक था। संसद में इस विषय पर अनेक नेताओं ने सैन्य और कूटनीतिक पहलुओं पर विचार रखे, पर पांडे जी का दृष्टिकोण कुछ अलग था — वे युद्ध को केवल सीमा की घटना नहीं, राष्ट्र की चेतना की परीक्षा मानते थे। इसलिए उन्होंने अपने भाषण का आरम्भ सैनिक मोर्चों से नहीं, जन-जागरण से किया:

"चीन का आक्रमण हमारे देश पर हुआ। मेरा अनुमान है कि सदियों के बाद देश इस प्रकार से संगठित और जागरूक हुआ है और विदेशी हमले का मुकाबला करने के लिये तैयार हुआ है। गाँव का आदमी और शहर का आदमी, किसान और मजदूर, पढ़े-लिखे और अनपढ़ — सभी एक जगह, एक झंडे के नीचे एकत्र हैं विदेशी हमले का मुकाबला करने के लिये।"

इस जागरण को समझाने के लिए उन्होंने भारतीय इतिहास की ओर देखा — वैदिक युग के देवासुर संग्राम से लेकर शक, सीथियन और हूणों के आक्रमणों तक, जब-जब "भारत की संस्कृति, सभ्यता और उसकी अन्तरात्मा हिल उठी और जन-जन जाग उठा।" युद्ध के स्वरूप पर उन्होंने एक महत्वपूर्ण प्रश्न उठाया — कि यह सीमा की छोटी लड़ाई है, या इससे कहीं अधिक:

"मैं यह मानता हूं कि चीन की एक विस्तारवादी नीति है। वह फैलना चाहते हैं, बढ़ना चाहते हैं, और उससे केवल भारत को ही खतरा नहीं है बल्कि समूचे भारत महाद्वीप को खतरा है और सुदूरपूर्व के देशों को भी महान खतरा है।"

उस दौर में बहुत-से लोग चीन की नीतियों को केवल सीमा-विवाद मान रहे थे; पांडे जी इसे एक व्यापक विस्तारवादी दृष्टिकोण की चुनौती मानते थे, और इसलिए कहते थे कि "प्रजातंत्र की रक्षा के लिये भी हम लड़ रहे हैं और उस असुरी वृत्ति के विरुद्ध भी।" नेहरू जी के नेतृत्व पर उन्होंने एक संतुलित दृष्टिकोण रखा, जिसे हम इसी अध्याय में आगे, उनके और नेहरू के ऐतिहासिक संवाद के संदर्भ में, विस्तार से देखेंगे — कि कोई भी व्यक्ति आलोचना से परे नहीं, पर चीन के विश्वासघात के बाद उस पर विश्वास करना उचित नहीं। विदेश नीति पर उनका रुख स्पष्ट था — संकट के समय जिन देशों ने सहायता दी, चाहे पश्चिमी राष्ट्र हों या मास्को, उनसे सहायता लेनी चाहिए, पर अपनी तटस्थता की नीति बदलने की आवश्यकता नहीं।

इस भाषण का सबसे उल्लेखनीय पक्ष यह है कि राष्ट्रीय सुरक्षा की चर्चा करते-करते उनका ध्यान बार-बार देश के भीतर की कमजोरियों

की ओर लौटता है। उनके लिए राष्ट्र की सुरक्षा केवल सीमाओं की रक्षा का प्रश्न नहीं थी — काला-बाज़ार करने वाले व्यापारियों को कठोर दंड देना, चाहे उनका किसी बड़े राजपुरुष से कितना भी सम्पर्क हो, उनकी दृष्टि में राष्ट्रीय कर्तव्य था। और संकट के समय त्याग वे केवल सैनिकों से नहीं, शासन से भी अपेक्षित मानते थे: "जब कर बढ़ाना है, चन्दा वसूल करना है, दूसरे देशों से सहायता लेनी है, तो हमको जरूर अपने खर्च को भी कम करना चाहिये।" यहाँ वही तारकेश्वर पांडे दिखाई देते हैं जिन्हें हमने सार्वजनिक जीवन की शुचिता के प्रश्न पर देखा था। उनके लिए राष्ट्र केवल भौगोलिक सीमा नहीं, एक जीवित चेतना था — जिसकी शक्ति उसकी सेना में जितनी, उतनी ही उसके किसानों, नागरिकों, संस्थाओं और नैतिक मूल्यों में निहित थी। शायद इसीलिए उन्होंने अपने भाषण का आरम्भ युद्ध से नहीं, जागरण से किया था।

समाज, परम्परा और परिवर्तन

यदि उपर्युक्त बहसें पांडे जी को राष्ट्र और किसान के प्रतिनिधि के रूप में सामने लाती हैं, तो सामाजिक सुधार की बहसें उन्हें परम्परा और परिवर्तन के उस गहरे द्वंद्व के बीच खड़ा कर देती हैं जिसने स्वतंत्र भारत की दिशा तय की। ये केवल कानूनों की बहसें नहीं थीं; ये इस प्रश्न की बहसें थीं कि नया भारत अपने अतीत से किस प्रकार संबंध रखेगा। विवाह, तलाक और पारिवारिक व्यवस्था से जुड़े विधेयकों पर उनके भाषण इसी द्वंद्व को सामने लाते हैं।

विशेष विवाह विधेयक पर उन्होंने आरम्भ में ही अपना मत स्पष्ट कर दिया:

"शासन द्वारा यह जो विशेष विवाह विधेयक उपस्थित किया गया है, मैं इसका शुरू से अन्त तक कट्टर विरोधी हूं, क्योंकि भारतीय संस्कृति और सभ्यता के यह बिल्कुल विपरीत है।"

विवाह के विषय में उनका दृष्टिकोण स्पष्ट था — कि यह कोई अनुबंध नहीं, एक पवित्र बंधन है:

"हिन्दू विवाह धर्म और शास्त्र की मर्यादा को प्रस्तुत करते हैं। यह विवाह कोई कॉन्ट्रैक्ट नहीं है और न यह आधुनिक पार्लियामेंट या असेम्बलियों के द्वारा बनाये जा सकते हैं। वह क्या है? वह एक पवित्र बंधन है। हिन्दू जाति में विवाह दो आत्माओं का सम्मिलन है।"

उनका मूल तर्क यह था कि सामाजिक सुधार का स्रोत केवल विधायिका नहीं हो सकती:

"क्या कानून के जरिये से किसी धर्म और जाति में सुधार हो सकता है?... महर्षि दयानन्द ने जिन संस्कारों की रचना की थी, वह क्या पार्लियामेंट के द्वारा की थी?... जिस वक्त हजरत मुहम्मद ने इस नवीन धर्म की रचना की थी, तो वे किस पार्लियामेंट के सदस्य थे?... समाज में सुधार कानून से नहीं हो सकता; परम्पराओं से हो सकता है, महर्षियों के आशीर्वाद से हो सकता है, शास्त्रों की आज्ञा से हो सकता है।"

इन अंशों को आज पढ़ते समय एक सावधान ऐतिहासिक दृष्टि आवश्यक है। पांडे जी अपने युग, अपने संस्कार और अपने शास्त्रीय बोध से बोल रहे थे, और स्त्री-पुरुष की समानता पर उनके कुछ कथन आधुनिक दृष्टि से कठोर और अस्वीकार्य प्रतीत होंगे — जैसे यह कि "सदियों से कभी भी स्त्री और पुरुष के अधिकार में समानता हुई नहीं और न कभी हो सकती है।" जब डॉ. सीता परमानंद ने बीच में झाँसी की रानी का उदाहरण दिया, तो उनका उत्तर था कि वे यह नहीं कह रहे कि कोई वीर स्त्री हुई ही नहीं, बल्कि यह कि दस अवतार पुरुष ही हुए। इस जीवनी का कार्य उन्हें आज की भाषा में सुधार देना नहीं, बल्कि उनके विचारों को उन्हीं के शब्दों में रखना है, ताकि पाठक उस समय के वैचारिक संघर्ष को समझ सके। और यह भी स्मरण रखना चाहिए कि उसी भाषण में वे स्त्री के सम्मान की बात भी करते हैं — "मैं स्त्री जाति का सर्वत्र आदर चाहता हूं," यद्यपि यह आदर समानता की नहीं, परम्परा और मर्यादा की भाषा में व्यक्त होता है।

उनका विरोध पूर्णतः अंध नहीं था; उन्होंने विधेयक की एक बात की प्रशंसा भी की — कि वह सभी के लिए था, केवल हिन्दुओं के लिए

नहीं: "इस विधेयक में जो हिन्दू जाति की परिभाषा की गई है वह बहुत ही सुन्दर है, उसे मैं स्वीकार करता हूं।" बहुविवाह के वे स्पष्ट विरोधी थे — "मैं स्वयं बहुविवाह के पक्ष में नहीं हूं।" अंततः उन्होंने यह माँग रखी कि यह कानून केवल हिन्दुओं पर नहीं, "इस भारत में जितने लोग बसते हैं उन सब पर" लागू हो — और इन्हीं शब्दों के साथ उन्होंने विधेयक का विरोध किया।

नेहरू के साथ एक ऐतिहासिक संवाद

यहीं से बहस एक बड़े संसदीय क्षण में बदल जाती है। पांडे जी के भाषण के बाद स्वयं पंडित जवाहरलाल नेहरू उठे। उनका आरम्भ ही एक हल्के व्यंग्य और गहरी असहमति के साथ हुआ:

"अध्यक्ष महोदय... विशेषकर जो हमारे भाई बलिया से यहां आये हुए हैं, उनका अभी भाषण सुनकर मेरी भी इच्छा हुई कि कुछ कहूं, क्योंकि उन्होंने हिंदू संस्कृति, हिन्दू धर्म और अनेक बातों पर अपने विचार प्रकट किये। बलिया मेरे ही प्रान्त का एक जिला है, वहां तगड़े आदमी रहते हैं, अच्छे लोग रहते हैं। लेकिन मुझे अभी तक यह नहीं मालूम था कि भारत की संस्कृति का भी वह एक खास स्थान है और वहां से भारतीय संस्कृति की रोशनी निकलती है।"

इसके बाद नेहरू जी ने भारतीय संस्कृति की अपनी व्याख्या रखी — यह उत्तर केवल पांडे जी को नहीं, स्वतंत्र भारत की सामाजिक दिशा पर एक वक्तव्य था। उनका तर्क था कि समस्या संस्कृति में नहीं, उसे संकुचित कर देने में है:

"जो ऊंची संस्कृति थी वह तो वहीं रही, लेकिन फिर भी भारत के रहने वाले ऊंचे नहीं रहे। इसलिए कि एक चीज जो जिन्दा थी, जीवित थी, उछलती थी, कूदती थी, फिरती थी, उस चीज को पिंजड़े में बन्द कर दिया और कह दिया कि यह भारत की संस्कृति है, पिंजड़े से न निकले।"

और फिर वह तीखा वाक्य, जो उस पूरी बहस का सार बन गया:

"इस तरह का हाल हमारी शानदार भारतीय संस्कृति का हुआ कि कुछ हमारे भाइयों ने इसे एक रसोई का धर्म बना दिया।"

नेहरू जी ने प्रश्न को विवाह-विधेयक से बड़ा माना — "यह तो एक छोटा सा बिल है... लेकिन प्रश्न ज्यादा गंभीर है, ज्यादा गहरा है, कि किस ढंग से हम नए भारत को बनाते हैं।" उन्होंने परम्परा को पूरी तरह अस्वीकार नहीं किया; उन्होंने जड़ों की आवश्यकता स्वीकार की, पर तुरंत जोड़ा:

"अगर आप जड़ ही जड़ रखें, उसमें न फल हों, न पत्ते हों, न शाखें हों, तो फिर आप खाली जड़ से ही कोई लाभ नहीं उठा सकते। उसको तो बढ़ाना है।"

इसके बाद उन्होंने वह प्रसिद्ध उपमा दी जो सामाजिक परिवर्तन पर उनकी दृष्टि को सबसे सरल रूप में रखती है — कि समाज एक बढ़ते बच्चे की तरह है:

"एक बच्चा है, वह कपड़ा पहिनता है। एक पोशाक ठीक है... मगर जब बच्चा बढ़ता है तो वह कपड़ा जरा तंग होता है... समझदार लोग जरा कपड़े में ढील देते हैं कि बच्चा बढ़ सके, या उसको बदल देते हैं... अगर बच्चे को कपड़ा बड़ा नहीं पहिनाते तो वह कपड़ा फाड़ कर बढ़ेगा — यह कपड़े का फटना ही समाज की क्रान्ति कहलाती है।"

इस पूरे प्रसंग का महत्व केवल इतना नहीं है कि एक ने विधेयक का विरोध किया और दूसरे ने उसका उत्तर दिया। इसका महत्व इससे कहीं अधिक है — यहाँ स्वतंत्र भारत की संसद में दो दृष्टियाँ आमने-सामने खड़ी थीं। एक दृष्टि समाज को उसकी पुरानी संरचनाओं और शास्त्रीय मर्यादाओं के भीतर सुरक्षित रखना चाहती थी; दूसरी उसी संस्कृति को जीवित मानते हुए उसके भीतर परिवर्तन का मार्ग खोलना चाहती थी। पांडे जी का आग्रह था कि भारत अपनी पुरातन परम्पराओं का आदर करते हुए आगे बढ़े; नेहरू जी का आग्रह था कि जड़ों को मजबूत रखते हुए भी शाखाओं को बढ़ने दिया जाए। इन दोनों आग्रहों के बीच स्वतंत्र भारत के सामाजिक प्रश्नों का बड़ा भाग समाहित है।

आज इस संवाद को पढ़ते हुए पांडे जी से पूर्ण सहमति या असहमति से अधिक महत्वपूर्ण है उस बहस की गंभीरता को समझना। वहाँ परम्परा थी और सुधार था, धर्म था और कानून था, स्त्री का प्रश्न था और नए भारत की दिशा का प्रश्न था। पांडे जी ने अपने विश्वासों को बिना संकोच रखा; नेहरू जी ने उनका उत्तर उसी गंभीरता से दिया। भारतीय संसद के इतिहास में ऐसे क्षणों का महत्व इसी में है कि वे हमें बताते हैं कि राष्ट्र केवल विधेयकों से नहीं बनता — वह विचारों के टकराव, संवाद और उत्तरदायित्वपूर्ण असहमति से बनता है। और यही इस पूरे अध्याय का सार भी है: चाहे प्रश्न शुचिता का हो या किसान का, सुरक्षा का हो या समाज-सुधार का, बलिया से आया वह सांसद संसद में केवल एक क्षेत्र या एक विचारधारा की नहीं, बल्कि अपने पूरे जीवनानुभव की आवाज़ बनकर बोलता रहा।

अध्याय 6
हिंदी, संस्कृति और राष्ट्रीय अस्मिता

अमर भारती का उपासक

पंडित तारकेश्वर पांडे के संसदीय जीवन का एक बड़ा भाग भाषा और संस्कृति के प्रश्नों से जुड़ा हुआ है, और इन प्रश्नों पर उनका स्वर इतना प्रबल था कि उन्हें प्रायः केवल एक "हिन्दी-समर्थक" या "परम्परावादी" सांसद मान लिया जाता है। पर उनके भाषणों को ध्यान से पढ़ें तो स्पष्ट होता है कि भाषा उनके लिए अंतिम प्रश्न नहीं, एक लक्षण थी। जिस गहरे रोग की ओर वे बार-बार संकेत करते थे, वह था एक राष्ट्र का अपने आप को भूल जाना — आत्मविस्मृति। उन्हें भय हिन्दी के पिछड़ जाने का उतना नहीं था, जितना इस बात का कि स्वतंत्र भारत कहीं अपनी ही सांस्कृतिक स्मृति से कट न जाए।

यही चिंता उनके उस भाषण में सबसे स्पष्ट रूप से प्रकट होती है जो उन्होंने राष्ट्रपति के अभिभाषण पर शिक्षा-नीति के संदर्भ में दिया था। वहाँ उन्होंने अपनी पहचान एक वाक्य में बता दी —

"मैं अमर भारती का उपासक हूँ। मैं इस बात को देखता हूँ कि मध्य युग के चार-पाँच सौ वर्ष के ग्रन्थ, मकबरे, राजभवन आदि संगृहीत और सुरक्षित किये जा रहे हैं, परन्तु 'अमर भारती' के पुराने ग्रन्थ, पुराने राजभवन, वास्तुकला के अद्‌भुत प्रयत्न आज अन्धकार के गर्त में पड़े हुए हैं और उनकी कोई खोज-खबर लेने वाला नहीं है। मेरा यह निवेदन है कि भारत सरकार को इस तरफ ध्यान देना चाहिये। यह देश जो इतना पुरातन और महान है, उसकी पुरातन संस्कृति और परम्परा की रक्षा करने की जिम्मेदारी केन्द्रीय शासन की है।"

इस एक कथन में उनकी पूरी सांस्कृतिक दृष्टि निहित है। वे यह नहीं कह रहे थे कि मध्यकालीन या किसी अन्य काल की धरोहर की रक्षा न हो; वे यह पूछ रहे थे कि जिस सभ्यता ने हजारों वर्षों तक ज्ञान, साहित्य और कला की अखंड परम्परा रची, उसकी अपनी निधि

उपेक्षित क्यों पड़ी है। उनके लिए यह केवल पुरातत्व का प्रश्न नहीं, आत्मसम्मान का प्रश्न था — कि कोई राष्ट्र तभी आगे बढ़ सकता है जब वह यह जानता हो कि वह कहाँ से आया है।

जनता की भाषा : हिन्दी का प्रश्न

इसी सांस्कृतिक चिंता का सबसे मुखर रूप भाषा के प्रश्न पर सामने आता है। पर यहाँ एक भ्रम को दूर करना आवश्यक है। पांडे जी जिस हिन्दी की वकालत करते थे, वह न किसी पर थोपी जाने वाली भाषा थी, न पंडितों की कृत्रिम, संस्कृत-बोझिल हिन्दी। वे एक सहज, जीवंत, जन-भाषा चाहते थे। राज्यसभा में उन्होंने अपना यह आग्रह स्पष्ट शब्दों में रखा —

"हम ऐसी हिन्दी चाहते हैं जिसको कि देश के सभी नागरिक समझ सकें, बोल सकें और लिख सकें। साहित्य की भाषा दूसरी है और बोलचाल की भाषा उससे भिन्न होती है। मेरा अभिप्राय यह कभी नहीं है कि इस किस्म की हिन्दी लादी जाय कि दूसरे लोग ऐसा समझें कि हमारे ऊपर यह भाषा लादी जा रही है और हमारे ऊपर अन्याय किया जा रहा है। बल्कि मेरा कहना है कि हिन्दी एक ऐसी भाषा है जो कि लगभग बाईस करोड़ आदमियों की मातृभाषा है, और देश के विभिन्न हिस्सों में लोग आसानी से हिन्दी को समझ सकते हैं।"

उनका तर्क भावुक नहीं, भाषावैज्ञानिक था — कि भारत की अधिकांश भाषाएँ एक ही स्रोत से निकली हैं:

"हमारे देश की अधिकांश भाषाएँ संस्कृत से निकली हुई हैं और हिन्दी भी संस्कृत से निकली है। हिन्दी के उद्‌भव-शब्द संस्कृत से लिये जाते हैं और उसके व्याकरण और साहित्य के ऊपर संस्कृत का असर है। और भाषाओं की भी यही हालत है। ऐसी दशा में हिन्दी को समझने, बोलने और लिखने में अन्य प्रान्त के लोगों को भी आसानी होगी, और इसीलिए हिन्दी को राष्ट्रभाषा स्वीकार किया गया।"

कृत्रिम, गढ़ी हुई शब्दावली से उन्हें गहरी चिढ़ थी, और इस पर उनका व्यंग्य तीखा था। शिक्षा विभाग द्वारा एक संस्था को हिन्दी कोश बनाने के लिए दिए गए धन का उदाहरण देते हुए उन्होंने कहा —

"'प्रधानमंत्री' के लिए 'पहलुआ' शब्द इस्तेमाल किया गया है; मैं नहीं जानता कि 'पहलुआ' शब्द किस भाषा का है, कहाँ से निकला है और इसका रूप क्या है। मुझे मालूम होता है कि मजाक किया गया है। इसी तरह 'केन्द्रीय मंत्रिमंडल' के लिए 'बिचबिंदी खोली' इस्तेमाल किया गया है, यह भी बड़ा हास्यास्पद शब्द है। 'सभापतित्व' के लिए 'सिरबैठकी' इस्तेमाल किया गया है। तो ऐसी संस्था को रुपया देना धन को फेंकना है।"

उनके लिए हिन्दी की असली शक्ति उसकी शुद्धता में नहीं, उसकी ग्रहणशीलता में थी — दूसरी भाषाओं के शब्दों को पचा लेने की क्षमता में:

"हिन्दी में यह शक्ति है कि वह अरबी और फारसी, अंग्रेजी या किसी अन्य भाषा के शब्दों को आत्मसात कर ले। इसीलिए हिन्दी में ये शब्द आये, और इससे भाषा के स्वरूप में विकृति नहीं आती, बल्कि उसका स्वरूप और सुन्दर होता है।"

पर इस आत्मसात की एक शर्त थी, जिसे उन्होंने एक मार्मिक उपमा से समझाया। राष्ट्रपति के एक भाषण के सरकारी अनुवाद को पढ़कर उन्हें कष्ट हुआ था, क्योंकि उसमें विदेशी शब्द अपने मूल रूप में, बिना किसी रूपांतर के, ठूँस दिए गए थे:

"जब हम हिन्दू हैं और हमने इस्लाम को कबूल कर लिया है, तो हमें यह अधिकार हासिल नहीं है कि हम विश्वनाथ के मन्दिर में जाकर नमाज़ पढ़ें; और अगर हम मुसलमान हैं और हिन्दू हो जाते हैं, तो हमें यह अधिकार नहीं कि विष्णु और राम की मूर्ति की जुम्मा मस्जिद में पूजा करें। हिन्दी भाषा को यह अधिकार है कि वह अरबी और फारसी के शब्दों को ले, लेकिन उसे अपना जामा पहनाना पड़ेगा। हिन्दी में

अरबी-फारसी के शब्द मूल रूप में आयें और हू-ब-हू उसमें शामिल हो जायें — यह तो हिन्दी भाषा के साथ अन्याय है।"

इस सबके बीच एक बात बार-बार ध्यान खींचती है — उर्दू के प्रति उनका रवैया। उन पर उर्दू-विरोध का आरोप सहज लग सकता है, पर उनके अपने शब्द अधिक संतुलित तस्वीर देते हैं:

"मैं उर्दू भाषा का विरोधी नहीं हूँ। उर्दू एक अच्छी बोली है, ऐसा मैं मानता हूँ, और मैं चाहता हूँ कि वह बढ़े और तरक्की करे। उर्दू के पढ़ने-पढ़ाने के लिए जितना भी आप प्रोत्साहन दें उतना अच्छा है, मुझे कोई एतराज़ नहीं।"

उनकी आपत्ति दो बिंदुओं तक सीमित थी — कि उर्दू की लिपि उनकी दृष्टि में विदेशी है, और कि उर्दू उत्तर प्रदेश की क्षेत्रीय भाषा नहीं है। पर इसी साँस में वे यह माँग भी करते थे कि देश की उपेक्षित भाषाओं — तेलुगु, तामिल, कन्नड़, मराठी, उड़िया, गुजराती — की उन्नति के लिए धन क्यों नहीं दिया जाता। उनका हिन्दी-प्रेम अन्य भारतीय भाषाओं की कीमत पर नहीं था; वह अंग्रेजी के वर्चस्व के विरुद्ध समस्त भारतीय भाषाओं के पक्ष में खड़ा था।

इसी संदर्भ में उनकी एक टिप्पणी विशेष रूप से मार्मिक है — श्री राजगोपालाचारी के बदले हुए रुख पर। राजाजी कभी हिन्दी के प्रबल समर्थक थे; बाद में उन्होंने उसे दक्षिण के लिए अंग्रेजी जैसी ही "विदेशी" भाषा कह दिया। पांडे जी ने इस परिवर्तन को आक्रोश से नहीं, एक प्रकार की वेदना से देखा:

"मैं श्री राजगोपालाचारी के उस स्वरूप को देख चुका हूँ जब वे गांधीजी के सामीप्य में रहते थे और कहते थे कि भारत की एक भाषा होनी चाहिए और वह हिन्दी होनी चाहिए। परन्तु आज मैं उनके भाषण को सुनता हूँ तो पाता हूँ कि उनका कलेवर बदल गया है... मैं कोई असम्मान की दृष्टि से नहीं कह रहा हूँ, लेकिन मुझे ऐसा प्रतीत होता है कि मनुष्य जब वृद्ध हो जाता है, तब उसकी बुद्धि जितनी पुष्ट होनी चाहिए उतनी नहीं रहती।"

राजभाषा विधेयक और "यह कौन सी एकता है?"

भाषा के प्रश्न पर उनका सबसे शक्तिशाली और सबसे विवादास्पद हस्तक्षेप राजभाषा संशोधन विधेयक पर था। यह वह दौर था जब दक्षिण भारत में हिन्दी-विरोधी आंदोलन तीव्र थे और भाषा का प्रश्न राष्ट्रीय एकता का संवेदनशील प्रश्न बन चुका था। पांडे जी ने इस विधेयक का विरोध किया, पर अपने विरोध की सीमा भी आरम्भ में ही स्पष्ट कर दी:

"मैं इस भाषा विधेयक के विपक्ष में अपनी राय देना चाहता हूँ। मैं इस विधेयक को काला कानून नहीं मानता, लेकिन अपरिपक्व और अवांछनीय मानता हूँ।"

उनके विरोध का केंद्र भाषा नहीं, न्याय था। बार-बार उठाए जाने वाले "भारतीय एकता" के उपदेश से उनका धैर्य चुक गया था, और उन्होंने उस एकता की विसंगतियों को सदन के सामने रख दिया:

"मुझसे बार-बार भारतीय एकता का उपदेश किया जाता है। मैं पूछना चाहता हूँ — यह कौन सी भारतीय एकता है? जम्मू-कश्मीर है, नगालैंड है, प्रतिबंधित क्षेत्र हैं — उनके हम नागरिक नहीं हैं, वहाँ हम भूमि नहीं खरीद सकते, बस नहीं सकते, नौकरी नहीं कर सकते। पर वे आकर हमारे यहाँ बस सकते हैं। यह हमारी भारतीय नागरिकता है, यह वह भारतीय एकता है, जिसके लिए हमारा संविधान बनाया गया है?"

उनके लिए हिन्दी का प्रश्न अंततः वर्ग का प्रश्न था — कि भाषा का विशेषाधिकार किसके पास है:

"यह हिन्दी जो है, यह करोड़ों जनमानस की भाषा है, गरीबों की भाषा है। इसी तरह पन्द्रह भाषाएँ जो हमारे संविधान में स्वीकृत हैं, वे जनता की भाषाएँ हैं। मुट्ठी भर अंग्रेजी पढ़े-लिखे लोग सरकारी नौकरियों पर और दूसरे ओहदों पर काबिज हैं — उनकी भाषा अंग्रेजी है। यह कौन सी समानता है, ज़रा मुझे बताइये?"

और फिर वह चित्र, जिसमें एक पूरे राष्ट्र का आत्म-विरोध झलकता है:

"हम अहर्निश परिश्रम करते हैं, खेतों में काम करते हैं। हमारी भाषा हिन्दी है, हमारी भाषा तामिल है, कन्नड़ है, मराठी है, गुजराती है — हमारी भाषा अंग्रेजी नहीं है। लेकिन हम ऑफिस में आते हैं तो हमारी भाषा अंग्रेजी हो जाती है, हमारी पोशाक अंग्रेजी हो जाती है। यह कौन सी नागरिकता है, यह कौन सी भावात्मक एकता है ?"

इसी भाषण में वे फिर अपनी मूल पहचान पर लौटते हैं — अमर भारती और संस्कृत की उपेक्षा पर:

"भारतीय साहित्य अमर है। मैं अमर भारती का उपासक हूँ। पन्द्रह भाषाओं में भारत का साहित्य भरा पड़ा है। संस्कृत भाषा और संस्कृत वाङ्मय हमारी संस्कृति की निधि है। स्वराज्य के बाद इसकी जितनी उपेक्षा हुई है, मैं उसकी कल्पना भी नहीं कर सकता।"

उनकी सबसे बड़ी पीड़ा यह थी कि शासन की भाषा-नीति निर्धारित करने वाली समिति में हिन्दी-भाषियों को ही स्थान नहीं था:

"सत्रह व्यक्तियों में से सोलह व्यक्ति अहिन्दी-भाषी हैं और सात विदेशी हैं — इसमें केवल एक हिन्दी-भाषी आदमी है। और हमको यह उपदेश किया जाता है कि हमारे ऊपर हिन्दी लादी जा रही है। तो मैं पूछना चाहता हूँ — वह कौन सी जगह है, कौन सा स्थल है, जहाँ हम हिन्दी लाद रहे हैं ?"

इस उपेक्षा को व्यक्तिगत स्तर पर उन्होंने जिस वाक्य में पिरोया, वह उनके पूरे संसदीय जीवन के सबसे मार्मिक क्षणों में से एक है। तीन प्रधानमंत्रियों के कार्यकाल देख चुके इस वृद्ध सांसद ने कहा —

"पंडित जवाहरलाल नेहरू प्रधानमंत्री बने तो मेरे लिए नहीं बने; श्री लालबहादुर शास्त्री प्रधानमंत्री बने तो मेरे लिए नहीं बने; श्रीमती इन्दिरा गांधी प्रधानमंत्री बनीं तो मेरे लिए नहीं बनीं — और इससे समस्या का समाधान नहीं हो सकता है। गंगा और सरयू का जल उससे शीतल नहीं हो सकता।"

यहीं उनके भाषण की भाषा सबसे अधिक उत्तप्त हो उठती है, और एक ऐसी पंक्ति आती है जिसे आज पढ़ते समय सावधानी आवश्यक है। आहत और उत्तेजित होकर उन्होंने कहा —

"जब अंग्रेजों के विरुद्ध हथियार उठाया जा सकता है, तो भारतीय एकता की स्थापना के लिए भी हथियार निश्चित रूप से उठाया जा सकता है, और इसमें कोई आश्चर्य की बात नहीं है।"

यह उस आंदोलन-ग्रस्त दौर की वाक्-उत्तेजना थी, और इसे उनके समग्र विचार से काटकर नहीं देखा जा सकता; क्योंकि इसी साँस में, इसी भाषण में, उन्होंने अपनी असली स्थिति भी रख दी — जो थोपने की नहीं, सद्भावना की थी:

"हम किसी पर हिन्दी थोपना नहीं चाहते हैं, और न हमारा इस तरह का आग्रह है। हिन्दी को सभी ने सद्भावना से स्वीकार किया है; उसको आप सद्भावना से अस्वीकार कर दीजिये — मुझे इस बारे में कोई झगड़ा नहीं है।"

इन दो कथनों को साथ रखकर पढ़ना ही उन्हें ठीक से समझना है। उनका आक्रोश उपेक्षा के विरुद्ध था, थोपने के पक्ष में नहीं। यही कारण है कि अंततः उनका व्यावहारिक सुझाव संयम का था — कि विधेयक को जल्दबाजी में पारित करने के बजाय प्रवर समिति को भेजा जाए:

"डेढ़-दो वर्ष में यह हिन्दी राजभाषा संविधान में स्वीकृत की गई थी; अब दो-तीन दिन या एक सप्ताह के अन्दर आप चाहते हैं कि इसे स्वीकार कर लिया जाय — यह कदम उचित नहीं होगा। मेरा सुझाव है कि इस विधेयक को सिलेक्ट कमेटी के समक्ष प्रस्तुत किया जाय। अन्त में मैं कहना चाहता हूँ कि मैं उपासक हूँ — 'जय हिन्दी, जय भारती' का।"

इसी विषय पर एक अन्य अवसर पर रखे गए अपने संशोधन में वे और भी संक्षिप्त, और भी मार्मिक थे। उन्होंने अनुवाद अंग्रेजी के बजाय हिन्दी में भेजे जाने की, और संक्रमण-काल को दस वर्ष के बजाय पाँच वर्ष करने की माँग रखी। पर इस भाषण का सबसे उल्लेखनीय अंश वह

है जहाँ वे अपने विरोधियों के प्रति आदर प्रकट करते हैं — उन हिन्दी-विद्वानों के प्रति, जो विरोध-स्वरूप अपने राजकीय सम्मान लौटा रहे थे:

"समूचे हिन्दी-भाषी विद्वान, जिन्हें सम्मान दिया जा चुका है, वे उन सम्मानों को वापस कर रहे हैं — इस बात को आप क्यों नहीं देखते ? मैं उनकी सद्भावना और विरोध का आदर करता हूँ और उनके सम्मान में मस्तक झुकाता हूँ। ... जब आपने निर्णय कर लिया है कि दूसरों की बातों को नहीं सुनेंगे, तो इस चीज़ में अहंकार भरा हुआ है — और अहंकार का हमेशा अन्त होता है।"

परम्परा और प्रगति : एक संवाद, और काशी

भाषा और संस्कृति की इन्हीं बहसों में पांडे जी का सामना एक ऐसे प्रश्न से बार-बार होता रहा जो स्वतंत्र भारत का केंद्रीय बौद्धिक प्रश्न था — परम्परा और प्रगति का संबंध। यह वही द्वंद्व था जो नेहरू के साथ उनके विवाह-विधेयक-संवाद में सामने आया था; भाषा-संस्कृति के संदर्भ में वही द्वंद्व एक युवा समाजवादी नेता श्री चन्द्रशेखर के साथ उनके तीखे संवाद में प्रकट होता है।

चन्द्रशेखर ने उनके सांस्कृतिक गौरव-बोध से सहमति जताते हुए भी उसकी एक सीमा रेखांकित की:

"मैं पं. तारकेश्वर पांडे से इस बात के लिए सहमत हूँ कि हमारा इतिहास गौरवपूर्ण है; वेदों में, पुराणों में मुझे गौरव की अनुभूति होती है। लेकिन जो वेद और पुराण में लिखी बातों को चिरन्तन सत्य मानकर चलता है, जो अतीत के प्रति ही आस्था कायम कर समाज में सड़न पैदा होने देता है — उससे मेरा मतभेद है। ये पुराने श्लोकों को उद्धृत करना छोड़ दीजिए; उनको याद रखिये, उनसे प्रेरणा लीजिए, लेकिन अतीत में मत ठहर जाइये।"

पांडे जी का उत्तर तीखा और तार्किक था, और उसमें उनकी एक विशेषता झलकती है — कि वे अपने सांस्कृतिक पक्ष को भी संविधान की कसौटी पर रखने से नहीं हिचकते थे:

"अगर आपकी इस बात को स्वीकार कर लिया जाय कि हिन्दी भाषा हिन्दू धर्म का पुनरुद्धार कर रही है, तो क्या भारत का संविधान — जिसके मातहत आप बैठे हुए हैं, जिसमें हिन्दी को राष्ट्रभाषा बनाया गया है — हिन्दू धर्म से प्रभावित है ? आपने संविधान को पढ़ा है या नहीं ?"

यह संवाद नेहरू-संवाद का ही एक छोटा प्रतिरूप है — दो पीढ़ियाँ, दो दृष्टियाँ, और बीच में स्वतंत्र भारत का यह प्रश्न कि वह अपने अतीत से कैसा संबंध रखेगा। पांडे जी इस संवाद में परम्परा के पक्ष में खड़े थे पर अंध-परम्परा के नहीं; उनका आग्रह यह था कि प्रगति परम्परा को नकार कर नहीं, उसकी जड़ों से रस लेकर होनी चाहिए।

यही दृष्टि उनके उस हस्तक्षेप में भी दिखाई देती है जो काशी हिन्दू विश्वविद्यालय से संबंधित विधेयक पर था। काशी विद्यापीठ के अपने पुराने नाते के कारण यह संस्था उनके लिए विशेष थी, और उनके बच्चे भी वहीं पढ़ते थे। उन्होंने विश्वविद्यालय के नाम में छिपी एक ऐतिहासिक विडंबना की ओर ध्यान खींचा :

"महामना की यह निश्चित राय थी कि काशी में हिन्दुत्व निहित है, भारतीयता निहित है, भारत की आत्मा निहित है। इसीलिए आप यह विचित्र बात देखते हैं कि हिन्दी में यह 'काशी विश्वविद्यालय' है और अंग्रेजी में 'बनारस हिन्दू विश्वविद्यालय' है।"

विश्वविद्यालय परिसर में किसी एक राजनीतिक संगठन को विशेष स्थान देने के वे विरुद्ध थे — और यहाँ उनका संतुलन उल्लेखनीय है, क्योंकि वे स्वयं सनातनधर्मी थे, फिर भी किसी एक पक्ष को परिसर सौंपने को अन्याय मानते थे :

"अगर किसी एक पार्टी को वहाँ इतना अधिक काम करने का अवसर दिया जाय, तो बड़ा अधर्म होगा, बड़ा अन्याय होगा। एक को स्थान देने पर दूसरी संस्थाओं को भी स्थान देना होगा, और एक बड़ा वितंडा खड़ा हो जायगा। मेरी सुनिश्चित राय है कि पार्टी को दूसरी जगह

काम करने का अवसर मिलना चाहिए, विश्वविद्यालय के कैम्पस में नहीं।"

और शिक्षा के भविष्य को लेकर उनकी दूरदर्शिता उस सुझाव में झलकती है जो आज सच साबित हो चुका है — कि काशी के प्रौद्योगिकी संस्थान को राष्ट्रीय स्तर का दर्जा दिया जाए :

"मेरी निजी राय यह है कि इस इंस्टिटयूट को आई.आई.टी. की तरह ट्रीट करना चाहिए और चलाना चाहिए। इससे लाभ यह होता है कि उस क्षेत्र के विद्यार्थियों को पच्चीस फीसदी फीस-माफी होती है और बहुत सी छात्रवृत्तियाँ मिलती हैं।"

जो प्रस्ताव विश्वविद्यालय की स्नातक-कक्षाओं को तोड़कर अलग कॉलेज बनाने का था, उसका उन्होंने दृढ़ता से विरोध किया — कि बनारस के विद्यार्थियों पर ऐसा प्रयोग न किया जाए, "अगर यह कार्य करना ही है तो अन्यत्र कीजिए।"

जब हम पांडे जी की इन सब बहसों को एक साथ देखते हैं, तो स्पष्ट होता है कि उनका भाषा-प्रेम, उनका संस्कृति-बोध, उनका काशी से लगाव — ये सब अलग-अलग आग्रह नहीं, एक ही चिंता के विभिन्न रूप थे। वह चिंता थी कि स्वतंत्र भारत अपनी आत्मा को न खोए, अपने को न भूल जाए। पर इस सांस्कृतिक राष्ट्रवाद का अंतिम उद्देश्य न कोई वर्चस्व था, न कोई सत्ता। उनके पूरे जीवन और चिंतन को पढ़ने के बाद ऐसा लगता है कि उनकी निष्ठा का सार उस प्राचीन भारतीय आदर्श में था जो किसी राज्य, स्वर्ग या यश की कामना नहीं करता, केवल पीड़ितों की पीड़ा हरना चाहता है —

न त्वहं कामये राज्यं न स्वर्गं नापुनर्भवम्। कामये दुःखतप्तानां प्राणिनामार्तिनाशनम्॥

यही वह दृष्टि थी जो उनके किसान-प्रेम, उनकी सार्वजनिक शुचिता और उनकी सांस्कृतिक निष्ठा — सबको एक सूत्र में बाँधती है। उनके लिए संस्कृति का अर्थ अतीत में लौटना नहीं था; उसका अर्थ था एक ऐसी स्मृति को जीवित रखना जो राष्ट्र को दिशा और गरिमा दोनों दे

सके। भाषा उस स्मृति की वाहक थी, और इसीलिए वे जीवन भर उसके लिए लड़ते रहे — किसी के विरुद्ध नहीं, बल्कि उस आत्मविस्मृति के विरुद्ध जिसे वे स्वतंत्र भारत का सबसे बड़ा संकट मानते थे।

अध्याय 7

आत्ममंथन : एक पौत्र की दृष्टि

इस पुस्तक को लिखते हुए मैं बार-बार एक विचित्र अनुभव से गुज़रा हूँ। मैं उस व्यक्ति के विषय में लिख रहा था जो मेरे रक्त में है, जिसका नाम मेरे नाम के साथ जुड़ा है, और फिर भी जिसे मैं उस रूप में कभी नहीं जान पाया जिस रूप में इन पन्नों ने मुझे जनवाया। एक पौत्र के लिए उसका पितामह प्रायः कुछ धुँधली स्मृतियों, परिवार में दोहराई जाने वाली कथाओं और एक आदरणीय नाम तक सीमित रहता है। पर जैसे-जैसे मैं उनकी जेल डायरी और राज्यसभा के अभिलेखों में उतरता गया, वह आदरणीय नाम धीरे-धीरे एक जीवित, सोचता-विचारता, प्रश्न करता हुआ मनुष्य बनता गया।

जब मैंने यह कार्य आरम्भ किया था, तब मेरी अपेक्षा एक स्वतंत्रता सेनानी की गौरव-गाथा लिखने की थी। मुझे लगा था कि मैं उनके त्याग, उनके कारावास और उनके संघर्ष का लेखा-जोखा प्रस्तुत करूँगा। और वह सब इस पुस्तक में है भी — सोलह वर्षों का कारावास जेल के भीतर फहराया गया तिरंगा, क्रांतिकारियों की सहायता, और स्वतंत्र भारत की संसद में गूँजती उनकी निर्भीक आवाज़। पर इस यात्रा ने मुझे जो सबसे बड़ी बात सिखाई, वह उनके कार्यों की सूची नहीं थी; वह उनके मन की बनावट थी।

मैंने पाया कि वे एक साथ कई व्यक्ति थे, और इन सबमें कोई विरोध नहीं था। वे एक ऐसे क्रांतिकारी थे जिन्होंने अंग्रेजी सत्ता को उखाड़ फेंकने के लिए हथियार उठाए, और फिर सोच-विचार के बाद उसी दृढ़ता से अहिंसक जनशक्ति का मार्ग अपनाया — यह स्वीकार करने का साहस उन्होंने स्वतंत्र भारत की संसद में, भरे सदन में दिखाया, जैसा हम इस पुस्तक में देख चुके हैं। वे एक सनातनधर्मी थे जो विवाह को पवित्र बंधन मानते थे, और साथ ही वे ऐसे व्यक्ति थे जिन्होंने अपने ही समाज की सामाजिक विषमता को सदन के समक्ष स्वीकार किया और हरिजन वर्ग के प्रतिनिधित्व की माँग की। वे हिन्दी के प्रबल

पक्षधर थे, और साथ ही उर्दू तथा समस्त भारतीय भाषाओं के आदर की बात करते थे। वे किसान की भूख पर "रक्तरंजित क्रान्ति" तक की चेतावनी देते थे, और उसी साँस में राजाओं के सम्मान की रक्षा की बात भी करते थे। यह अंतर्विरोध नहीं था; यह एक ऐसे मन की पूर्णता थी जो किसी एक खाँचे में नहीं बैठता।

इस पुस्तक को लिखते हुए मैंने एक सचेत निर्णय लिया था — कि मैं उन्हें आज की भाषा में "सुधार" कर प्रस्तुत नहीं करूँगा। उनके कुछ विचार, विशेषकर स्त्री और पुरुष की समानता पर, आज की दृष्टि से कठोर और अस्वीकार्य लगते हैं। मेरे लिए सरल होता कि मैं उन अंशों को छोड़ देता या उन्हें नरम कर देता। पर ऐसा करना उनके साथ अन्याय होता, और इतिहास के साथ भी। वे अपने युग के, अपने संस्कार के मनुष्य थे, और उन्हें उसी रूप में पढ़ा जाना चाहिए। मैं उनके हर विचार से सहमत नहीं हूँ — और मुझे विश्वास है कि वे स्वयं भी यह अपेक्षा न करते, क्योंकि जिस व्यक्ति ने जीवन भर प्रश्न पूछना सिखाया, वह अपने पौत्र से अंध-सहमति की आशा कैसे कर सकता था। उनकी सबसे बड़ी विरासत उनके उत्तर नहीं हैं; उनके प्रश्न हैं।

और प्रश्न ही इस पुस्तक का आरम्भ-बिंदु थे। मुझे आज भी याद है, जब मैंने पहली बार उनकी डायरी का वह पहला वाक्य पढ़ा था — कि मानव की इस कमज़ोरी के लिए क्या किया जाए। एक जेल की कोठरी में बंद व्यक्ति, जिसके पास शिकायत करने के असंख्य कारण थे, शत्रु को कोस सकता था, अपने भाग्य पर विलाप कर सकता था — पर वह मनुष्य की प्रकृति को समझने में लगा हुआ था। उसी क्षण मुझे लगा था कि यह कोई साधारण स्मृति-ग्रंथ नहीं हो सकता; यह एक प्रश्नों से भरे मन की यात्रा है।

यहीं मुझे अपने उन पूर्वजों और शुभचिंतकों का स्मरण करना है जिनके बिना यह यात्रा संभव ही नहीं थी। यह पुस्तक वस्तुतः कई पीढ़ियों और अनेक हाथों का साझा प्रयास है। इसके मूल में मेरे पितामह पं. तारकेश्वर पांडे का जीवन और चिंतन है। उस चिंतन को भुलाए जाने से बचाने का पहला और सबसे महत्वपूर्ण कार्य मेरे पिता श्री सत्य प्रकाश

पांडे ने किया, जिन्होंने अपार श्रम से उनकी जेल डायरी और संसदीय भाषणों को संकलित कर "लोकेष्णा" के रूप में सुरक्षित किया। इस संकलन और स्मृति-संरक्षण में मेरे चाचा इंजी. जय प्रकाश नारायण पांडे का सहयोग और प्रेरणा भी सदैव साथ रही। यदि यह संकलन न होता, तो आज पांडे जी के अपने शब्द हमारे पास न होते, और यह पुस्तक केवल स्मृतियों का धुँधला संग्रह बनकर रह जाती। उस आधार स्तंभ पर ही मैं यह भवन खड़ा कर सका हूँ।

पांडे जी के जीवन के अनेक तथ्यों — उनके बचपन, उनके परिवार, काशी विद्यापीठ के दिनों और स्वतंत्रता-संग्राम की घटनाओं — को समझने में मुझे श्रीमती प्रमिला चतुर्वेदी द्वारा लिखित और श्री हरिहर प्रसाद चतुर्वेदी के शोध पर आधारित ग्रंथ "बलिया की माटी, लोकतंत्र की सुगंध" से बहुमूल्य सहायता मिली। आचार्य नरेंद्र देव से जुड़ा वह मार्मिक प्रसंग, जिसने मुझे सबसे अधिक प्रभावित किया, इसी ग्रंथ की देन है। पर इतिहास केवल पुस्तकों में नहीं रहता; वह उन लोगों की वाणी में भी जीवित रहता है जिन्होंने उस युग को अपनी आँखों से देखा। मैं पांडे जी के उन सहयोगियों और समकालीनों का हृदय से आभारी हूँ, जिन्होंने अपनी स्मृतियों के द्वार मेरे लिए खोले और वे प्रसंग सुनाए जो किसी अभिलेख में दर्ज नहीं थे — उनके बिना इस पुस्तक का बहुत-सा जीवंत अंश अधूरा रह जाता। इसी प्रकार मैं उन सबका भी आभारी हूँ जो पांडे जी की मूर्ति-स्थापना समिति से जुड़े रहे और जिन्होंने उनकी स्मृति को सार्वजनिक सम्मान और स्थायित्व देने का कार्य किया; उनका यह प्रयास इस बात का प्रमाण है कि पांडे जी आज भी अपने क्षेत्र की सामूहिक स्मृति में जीवित हैं। इन सब स्रोतों के साथ-साथ हमारे परिवार में पीढ़ियों से चली आ रही उन स्मृतियों का भी इस पुस्तक में योगदान है, जो किसी अभिलेख में दर्ज नहीं, पर जो किसी भी जीवनी की आत्मा होती हैं।

मैंने इस पुस्तक में जहाँ तक हो सका यह प्रयास किया है कि पाठक पांडे जी से सीधे, उन्हीं के शब्दों में मिलें, और मेरी भूमिका केवल उन शब्दों तक पहुँचने का मार्ग बनाने तक सीमित रहे। जहाँ कोई तथ्य परिवार की स्मृति या अन्य स्रोतों पर आधारित था, मैंने उसे जहाँ तक हो सके

स्पष्ट रखने का यत्न किया है, और जहाँ उनके अपने कथन और इतिहास के दस्तावेज़ी अभिलेख में अंतर था, वहाँ मैंने न उन्हें झुठलाया, न उनके कथन को इतिहास बना दिया — मैंने दोनों को पाठक के सामने रख दिया। एक जीवनीकार का धर्म, मेरी समझ में, यही है।

आज, यह कार्य पूर्ण करते हुए, मैं उस प्रश्न पर लौटता हूँ जिससे मेरी यह यात्रा आरम्भ हुई थी — कि एक साधारण ग्रामीण परिवार में जन्मा वह बालक, जिसने बचपन में पिता को खोया और अभाव में बड़ा हुआ, अंततः वह व्यक्ति कैसे बना जिसकी आवाज़ राष्ट्र की संसद में गूँजी। इस पुस्तक को लिखने के बाद मेरा उत्तर यह है कि उन्हें असाधारण उनकी उपलब्धियों ने नहीं, बल्कि उनकी निरंतर सोचने और प्रश्न करने की वृत्ति ने बनाया। वे जीवन भर स्वयं को "जनता का एक अंग," "उत्तर प्रदेश का एक साधारण किसान" कहते रहे; और शायद यही विनम्रता उनकी सबसे बड़ी शक्ति थी।

उनकी डायरी का जो पहला वाक्य कभी मेरी यात्रा का आरम्भ बना था आज वही इस पुस्तक का समापन भी बनता है। वे जेल की दीवारों के भीतर बंद थे, उनके हाथ-पैर सीमाओं में बँधे थे, उनका शरीर परतंत्र था — पर उनका मन कहीं नहीं बँधा था। वे प्रश्न पूछते रहे, सोचते रहे, समझने का प्रयास करते रहे।

वे जेल में बंद थे, पर उनके प्रश्न स्वतंत्र थे।

और शायद यही उनकी सबसे बड़ी विरासत है — हमें यह सिखाना कि स्वतंत्रता अंततः किसी सीमा का नाम नहीं, एक वृत्ति का नाम है; कि सच्ची स्वतंत्रता वहीं से आरम्भ होती है जहाँ मनुष्य निर्भय होकर प्रश्न करने का साहस करता है।

— राहुल प्रकाश पांडे

संदर्भ

मूल स्रोत —

"लोकेष्णा" : पं. तारकेश्वर पांडे की जेल डायरी एवं संसदीय भाषणों का संकलन। संकलनकर्ता : श्री सत्य प्रकाश पांडे।

राज्यसभा के आधिकारिक वाद-विवाद अभिलेख (Rajya Sabha Debates), 1952–1969।

अन्य स्रोत —

"बलिया की माटी, लोकतंत्र की सुगंध" : लेखिका — श्रीमती प्रमिला चतुर्वेदी; शोध — श्री हरिहर प्रसाद चतुर्वेदी।

आचार्य नरेंद्र देव के संस्मरण (उपर्युक्त ग्रंथ के माध्यम से उद्धृत)।

पारिवारिक स्मृतियाँ तथा पं. तारकेश्वर पांडे के समकालीनों एवं सहयोगियों का मौखिक इतिहास।

अनुक्रमणिका

इस ग्रंथ में उल्लिखित प्रमुख व्यक्ति, स्थान एवं विषय — संगत पृष्ठ-संख्याओं सहित।

व्यक्ति

स्थान

विषय एवं अवधारणाएँ